D1728685

eb···

Thomas Röthlisberger

Steine zählen

Eine finnische Geschichte

Roman

edition bücherlese

Wir geben nicht auf. Wie schlaue alte Stöberhunde bei einer Elchjagd nehmen wir die Spur dort wieder auf, wo wir sie verlassen haben, und folgen ihr bis zur blutigen Beute.

Lars Gustafsson

Für Henrik,
der mir schließlich doch noch
die ganze Geschichte
erzählte.

wenn die stille sich endlich
hervorwagt aus den
nächtlichen tundren
zähle ich die steine
die ich vom ende der welt
mit nach hause gebracht
sie wogen schwer
sie sind jetzt leicht
die zeit verliert gewicht

Diese Geschichte ist eine Fiktion. Alle Verweise auf reale Begebenheiten, Institutionen, Orte und Personen dienen lediglich dazu, einen fiktiven Kosmos zu erschaffen.

***

Eigentlich irrt sich der Hund nie. Er hat eine merkwürdige Art zu flennen entwickelt, ein Fiepen beinahe, wenn er ein fremdes Tier wittert. Knurrt er hingegen, so muss ein Mensch in der Nähe sein. Er sitzt im Flur vor der Haustür, als der Mann in Hemd und Unterhose die Treppe vom Obergeschoss herunterkommt.

Der Mann blickt auf die Uhr. Es ist einige Minuten vor zwei Uhr morgens. Er kaut ein paar unverständliche Worte zwischen den Zähnen, während er durch den Flur tappt und das Jagdgewehr aus dem Schrank holt. Er entsichert die Waffe, geht in die Küche und tritt ans Fenster. Vorsichtig schiebt er die Gardine ein wenig zur Seite. Die Lampe drüben am Schuppen brennt die ganze Nacht. So bleibt der Hof gut beleuchtet.

Der Hund hat nicht geknurrt. Also muss er ein Tier gewittert haben. Der Mann sucht mit den Augen den Platz ab. Nichts. Da ist nichts. Kein Tier, kein Mensch. Er will sich bereits abwenden, als er den dunklen Umriss sieht. Reglos steht er außerhalb des hellen Kegels, der von der Lampe auf den Hof fällt. Die kaum wahrnehmbaren Lichtreflexe auf seinem Fell verraten das Tier: Es ist ein Fuchs.

Etwas anderes hat der Mann auch nicht erwartet. Er drückt auf den Metallriegel, um das Fenster so weit zu öffnen, dass er den Gewehrlauf durch den Spalt schieben kann. Aber das unvermeidliche Knacken genügt, dass der Schatten draußen sich auflöst. Geräuschlos, wie ohne Bewegung. Einfach weg und verschluckt von der Dunkelheit. Als hätte es ihn nie gegeben.

Der Mann flucht. Er lässt das Fenster offenstehen und hastet, soweit das schmerzende Bein es zulässt, zurück in den Flur, zur

9

Haustür. Der Hund kratzt mit der Pfote am Holz. Es ist nicht das erste Mal, dass die Hundepfote an der Tür scharrt. Am Tag sind die Spuren deutlicher sichtbar. Man müsste die Tür neu streichen. Der Mann weiß es. Man müsste auch den Zaun um das Hühnerhaus erneuern. Das Dach des Holzschuppens abdichten. Den Hofplatz entwässern. Müsste man.

Manchmal gibt der Mann schon am Morgen auf. Manchmal verlangt der Tag einfach zu viel. Da ist es besser, bereits am Morgen in der Küche zu sitzen und zu rauchen, die Schnapsflasche hervorzuholen, wenn sie nicht vom Vorabend noch auf dem Tisch steht.

Der Mann schlüpft in die Stiefel. Mit dem Fuß schiebt er den Hund zur Seite, um die Tür aufschließen zu können. Der Hund flitzt an ihm vorbei und springt über die Vortreppe hinunter auf den Hof. Ohne einen Laut von sich zu geben, quert er den Lichtkegel der Lampe und verschwindet zwischen den Holzhütten. Der Mann eilt ihm hinterher. Nach wenigen Schritten hört er ihn hinter dem Hühnerhof bellen.

Es läuft immer auf dasselbe hinaus: Wenn er beim Hühnerhaus ankommt, steht der Hund da und bellt in den Wald hinaus. Der Fuchs hat längst Fersengeld gegeben. Er sitzt jetzt irgendwo dort draußen, im Dunkel des Unterholzes, und ärgert sich über den wachsamen Hund.

Die Schatten zwischen den Bäumen verdichten sich in der Ferne zu einer zusammenhängenden Masse. Das Bellen des Hundes schlägt zurück. Als er verstummt, ist da nur noch das leise Rauschen des Nachtwindes ganz oben in den Wipfeln zu hören.

»Verflucht!«

Der Mann stößt den Gewehrkolben ärgerlich auf den Boden. Steinchen spritzen auf. Eines davon muss den Hund getroffen haben. Erschrocken fährt er zusammen und hascht nach seinem

Schwanz. Dann kommt er angeschlichen, als hätte er ein schlechtes Gewissen.

»Blödes Vieh!«, faucht der Mann.

Er dreht sich um und schlurft über den Hof zurück ins Haus. Der Hund zieht den Schwanz ein, er zögert einen Augenblick, dann trottet er hinter ihm her.

***

Henrik

Die Hand war fleischig, mit Venenästen, die bläulich zwischen den spärlichen Haaren hervortraten, die Haut blass wie die eines rohen Hühnerschenkels. Die Hand hockte auf der Tischplatte wie eine fette Spinne. Lauernd. In vorgetäuschter Trägheit. Plötzlich begann sie sich vorzuschieben, langsam, scheinbar ziellos, auf den Fingerkuppen wie auf kurzen, dicken Beinen. Sie tastete sich auf dem Wachstischtuch zwischen Bierlachen durch, wich Brotkrümeln aus, wanderte hierhin und dorthin, bis sie an eine der toten Fliegen stieß, die über den Tisch verstreut ein schwarzes Muster bildeten. Einen Augenblick verharrte sie reglos, wie erstaunt über den unerwarteten Fund oder vielmehr den nahen Triumph auskostend, dann zerquetschte sie das ausgedörrte Insekt mit einem hässlichen Geräusch zwischen Daumen und Zeigefinger.

Es war eine linke Hand. Sie gehörte dem alten Nieminen. Matti Nieminen. Mit der rechten, an der zwei Finger fehlten, rauchte er. Die Finger dieser Hand waren gelbbraun vom Nikotin. Nieminen rauchte und hustete.

Henrik Nyström fuhr jedes Mal zusammen, wenn der Alte hustete. Sein Husten erzeugte ein Geräusch, als ob die Lungenflügel unter Wasser stehen würden.

Sie saßen in der Küche. Auf dem Tisch standen leere Bierdosen und eine halbvolle Flasche mit Wodka. Es stank nach Rauch, nach verschüttetem Alkohol und verdorbenen Essensresten. Nach Moder. Nach Altmännerurin. Die Gardinen am Fenster schienen seit Jahren nicht mehr gewaschen worden zu sein.

Mattis Schnapsglas war leer. Der Besucher hatte an dem seinen nur genippt.

»Ja«, brach Henrik schließlich das Schweigen und schob sein Glas etwas beiseite, »sie haben mich also hergeschickt.«

Der Alte blies ihm den Rauch ins Gesicht. Er roch seinen faulen Atem.

»Haben sie dich?«, sagte Nieminen. Und hustete.

Henrik fuhr zusammen und schob das Schnapsglas noch ein bisschen weiter weg, sodass es außerhalb der Reichweite von Nieminens Speichelspritzern war.

»Ja«, sagte er, »so ist das.«

»So«, sagte der Alte.

»Sie sagen, du habest auf Märta geschossen. Auf Märta Nieminen. Deine Ehefrau.«

»So?«, stellte der Alte fest.

Seine Finger hatten wieder ein totes Insekt ertastet und drückten zu. Es knackte. Ein Schütteln durchfuhr ihn. Er schien zu lachen.

»Ja«, sagte Henrik, »deswegen bin ich da.«

»Deswegen bist du da«, wiederholte der Alte. »Einen Grund gibt es immer, wenn einer von euch da ist. Grundlos kommt ihr nie. Aber was geht es dich an?«

»Ich bin im Dienst«, sagte Henrik und klopfte auf seine Uniformjacke, damit die Worte das nötige Gewicht erhielten.

»Das sehe ich«, sagte der Alte.

Er drehte das verwitterte Gesicht zum Fenster. Als er sich nach einer Weile wieder umwandte, nahm er die dicke Hornbrille ab und rieb sich die trüben Augen.

»Glaubst du das auch?«, fragte er.

»Was weiß ich«, sagte Henrik. »Ich muss es überprüfen.«

»So«, sagte Nieminen. »Überprüfen.«

»Vielleicht könntest du mir dabei behilflich sein«, sagte Henrik.

»Mir hilft auch keiner«, sagte Nieminen und zündete sich am glimmenden Stummel eine neue Zigarette an.

Er verzog das Gesicht. Vielleicht hatte er Schmerzen. In diesem Alter haben sie fast alle Schmerzen, dachte Henrik. Irgendwo.

»Märta behauptet, du habest mit dem Gewehr auf sie geschossen, als sie ihre Sachen holen wollte.«

»Tut sie das«, stellte der Alte fest.

»Sie sagt, der Schuss habe sie nur knapp verfehlt.«

»Meinst du, mit diesen Augen trifft man noch?«, fragte Matti und setzte die Brille wieder auf.

Die Gläser waren blind von Fett und Staub.

»Wo hast du das Gewehr?«, fragte der Besucher.

»Im Schrank«, sagte Matti und wies in den Flur.

Als Henrik den Stuhl zurückschob, hob der Hund, der reglos unter dem Tisch gelegen hatte, den Kopf. Als er feststellte, dass es nicht Nieminen war, der aufstand, ließ er ihn mit einem Seufzer wieder auf die Pfoten sinken. Henrik erinnerte sich, wie der Hund in jungen Jahren auf ihn zugeschossen war, wenn er auf den Hof kommen musste. Wie er ihn verbellt und ihm an die Diensthose gewollt hatte. Die Zeit war auch an dem Tier nicht spurlos vorbeigegangen. Es war jetzt gewissermaßen altersmilde geworden. Henrik musste lächeln, als er unbeachtet in den Flur gehen konnte.

Es war ein verhältnismäßig neues Jagdgewehr, womit er zurückkam. Er klinkte den Lauf aus und hielt ihn vor das Fenster ins Licht.

»Damit ist geschossen worden«, sagte er. »Es kann noch nicht allzu lange her sein.«

Matti reagierte nicht.

»Matti, es bringt nichts«, sagte Henrik. »Du hast geschossen. Das ist unbestreitbar.«

Der Alte hob fast unmerklich die Schultern.

»Worauf?«, fragte Henrik.

»Auf den Fuchs«, sagte Matti.

»Wie lange ist das her?«

»Das war gestern«, sagte der Alte.

Er blickte das Gewehr an, nicht den, der es in der Hand hielt.

Die Zeitangabe, überlegte Henrik, stimmte mit derjenigen von Mattis Frau überein.

»Was wollte der Fuchs?«, fragte er.

Matti sah ihn erstaunt an.

»Hühner«, sagte er. »Was sonst?«

Henrik wusste, dass der Hühnerhof der Nieminens seit Jahren leer stand.

»Natürlich«, sagte er. »Hühner – was denn sonst?«

Sie schwiegen. Nieminens Hand wanderte über das fleckige Tischtuch. Eine tote Fliege knackte. Eine lebende surrte an der Fensterscheibe.

»Ich muss die Waffe beschlagnahmen«, erklärte Henrik.

»Beschlagnahmen«, wiederholte der Alte.

»Von Gesetzes wegen«, sagte Henrik. »Damit nicht tatsächlich ein Unglück geschieht.«

»So«, sagte der Alte.

»Ich meine, bei deinen schlechten Augen«, sagte Henrik.

Er wandte sich zum Gehen.

»Warum hast du auf Märta geschossen, Matti?«, fragte er im düsteren Flur.

Aus der Küche drang das Geräusch von splitterndem Glas. Henrik machte die zwei Schritte zurück und blieb in der Tür stehen. Nieminen hatte das Glas in der Faust zerdrückt. Sein Atem ging rasselnd. Am Fenster surrte die Fliege. Henrik wartete.

Der Alte blickte auf seine Faust. Blut und Schnaps tropften auf das Wachstuch. Henrik erwartete nicht, dass er eine Antwort erhalten würde.

»Sie wollte weg«, begann Nieminen plötzlich.

Er keuchte. Schwieg wieder.

»Sie wollte weg«, wiederholte er. »Warum muss man plötzlich weg, wenn man es vierzig Jahre und länger ausgehalten hat? Auf die paar Jahre, die uns bleiben, wäre es wohl nicht mehr angekommen.«

Er hustete.

»Ja«, sagte Henrik, »Frauen gehen weg, Männer gehen weg. Was wissen wir.«

»Du bist geschieden, Heikki«, sagte Nieminen, »du musst es wissen.«

»Meine erste ist auch davongelaufen«, bestätigte Henrik.

»Aber nicht nach vierzig Jahren!«

»Gründe gibt es immer«, sagte Henrik.

»Gründe!«, lachte Nieminen höhnisch. »Als ob es die nicht schon vor zwanzig oder dreißig Jahren gegeben hätte!«

Henrik machte wieder zwei Schritte in den Flur hinaus.

»Wenn sie mich vor dreißig Jahren verlassen hätte, dann wäre es wegen einem anderen Kerl gewesen«, rief der Alte ihm nach. »Aber nach vierundvierzig Jahren?«

»Gründe gibt es immer«, sagte Henrik.

Er öffnete die Haustür und trug das Gewehr zum Auto. Er atmete tief ein, um den muffigen Geruch der Wohnung loszuwerden. Das Gewehr wickelte er in eine Decke und legte es in den Kofferraum. Als er die Hecktür zuschlug, stand der Alte auf einen Stock gestützt auf der Vortreppe.

»Vielleicht hätte ich es verstehen können, wenn sie nach zehn Jahren gegangen wäre«, rief er. »Oder früher.«

»Ich komme morgen mit Märta, damit sie ihre Sachen holen kann«, sagte Henrik und setzte sich in den Wagen.

»Morgen«, sagte Nieminen.

Henrik startete den Motor, hob die Hand und fuhr weg. Es war kurz nach fünf, und er würde rechtzeitig zu Hause sein. Annika würde sich bestimmt freuen.

In Kuhmoinen hielt er an, um für die Kinder Süßigkeiten zu kaufen. Er betrat den Laden und ging nach hinten, wo das klebrige, gummiartige Zeug in grellen Farben lockte. Er füllte zwei Beutel mit allerlei merkwürdigem Getier.

»Schon Feierabend?«, spottete Päivi, die an der Kasse saß.

»Bald«, nickte Henrik und setzte dieses unverbindliche Lächeln auf, das seine Frau an ihm so hasste.

Er bezahlte, nahm die beiden Beutel und verließ den Laden. Beim Anschlagbrett am Ausgang blieb er stehen, um sich eine Zigarette anzuzünden, und studierte die Anzeigen. Jemand bot Nachhilfeunterricht für Schüler an. Einer wollte sein altes Boot loswerden. Die Kirchgemeinde machte Werbung für einen Basar. Dann fiel ihm ein handgeschriebener Zettel auf, dass jemand junge Kaninchen zu verkaufen hatte.

Kaninchen.

Hinter Henrik hustete jemand. Fliegen surrten im verglasten Eingang.

Kaninchen. Hatte Matti früher nicht Kaninchen gezüchtet? Eine blaugeäderte, fleischige Hand tastete sich über ein schmutziges Wachstischtuch und zerquetschte die herumliegenden toten Fliegen. Mit einem hässlichen Knacken. Eine spinnenhafte, spärlich behaarte Hand tastete sich durch einen

Wurf junger Kaninchen, die sich ängstlich in eine Ecke des Verschlags drängten. Unversehens griff sie zu und packte eines der Geschöpfe an den zarten Löffeln.

Kaninchen. Kaninchen tötet man nicht mit einem Gewehr. Kaninchen tötet man mit einer Kaninchenpistole.

»Verdammt!«, entfuhr es Henrik. Was, wenn der Alte nun vollends den Kopf verlor?

Dass er nicht früher daran gedacht hatte! Er schnippte die Zigarette weg und eilte zum Wagen. Den Einkauf warf er auf den Beifahrersitz. Kein Gedanke mehr an Kinder und Süßigkeiten. Er startete den Motor und fuhr in hohem Tempo den Weg zurück, den er gekommen war.

Märta

»Und ob du diesen Mann anzeigen wirst!«, ereiferte sich Marja.

Ihre Stimme schraubte sich durch das fließende Wasser in schrille Höhen. Das Besteck klirrte, wenn sie es auf das Abtropfbrett warf. Sie schien ihre Wut bis in die Fingerspitzen zu spüren.

Märta saß am Küchentisch und betrachtete die sauber gewaschenen Gardinen. Ihre Schwester war fünf Jahre jünger. Das war der Unterschied, aus dem alle anderen Unterschiede hervorgingen. Darauf führte Märta es jeweils zurück. Weil es so am einfachsten war.

»Aber …«, begann sie.

»… er hat doch nur in die Luft geschossen«, machte Marja den Satz fertig.

»Bei seinen Augen«, sagte Märta.

»Bei seinen Augen«, wiederholte Arto, der unter der Tür aufgetaucht war, spöttisch.

»Ja«, sagte Märta und knetete ihre Hände.

Die Knoten an den Fingergelenken waren gerötet und schmerzten. Das Kneten half nicht. Sie wusste es. Aber es war unmöglich, dazusitzen und die Hände in den Schoß zu legen, wenn sie schmerzten. Immer hatten die Hände arbeiten müssen. Die Knoten zeugten davon. Man brauchte sich ihrer nicht zu schämen.

»Da, schaut her«, hätte Märta sagen können, »diese Hände haben hart gearbeitet.«

Aber sie sagte nichts. Es tat weh, die Hände zu betrachten. Weil sie nicht mehr zur Arbeit taugten. Sie beobachtete, wie

Marjas Hände geschickt und flink mit Besteck und Geschirr hantierten. Dabei war sie doch auch schon siebenundsechzig. Aber Knoten hatte sie keine. An ihren Händen hatte sie keine geröteten, schmerzenden Schwellungen.

»Du willst den Vorfall also melden?«, fragte Arto.

Märta schüttelte den Kopf.

»Ich an deiner Stelle würde das tun«, sagte er. »Wer weiß, was deinem Alten sonst noch einfällt.«

»Er hat dich nicht nur bedroht«, sagte Marja. »Er hat es ernst gemeint. Der Dreckskerl!«

Märta reagierte nicht. Die Katze, die neben ihr auf der Küchenbank lag, erhob sich gähnend, streckte die Läufe und sprang etwas ungelenk auf den Boden. Nach einem Blick in den leeren Futternapf strich sie an Artos Beinen vorbei und verschwand im Flur.

»Warum willst du ihn immer noch schützen?«, fragte Marja. »Er hat es nicht verdient. Nein, das hat er nicht. Nach allem.«

Nach allem. Märta hatte die beiden Worte gehört. Nach allem. Aber sie waren zu groß, zu schwer, als dass sie sie hätte begreifen können. Und doch musste sie darüber nachdenken, ob ihr Leben nicht verpfuscht gewesen war. Ja, verpfuscht. Von Anfang an. Das ganze lange, kurze Leben. Es war nicht das erste Mal, dass sie das dachte.

Arto hatte sie hingefahren, als sie ein paar zusätzliche Sachen holen wollte. Eigentlich hatte sie nur zwei Tage bei der Schwester verbringen wollen. Wie jedes Jahr einmal. Denn seit Arto und Matti sich verkracht hatten, kamen weder Marja noch ihr Mann auf den Hof der Nieminens. So war das seit ihrem Streit, damals auf dem Sommerfest.

Arto hatte sie hingefahren. Märta bat ihn, an der Kreuzung zu warten, wo der Zufahrtsweg zum Hof abzweigte.

»Ich werde diesmal noch ein paar Tage länger bleiben«, hatte sie Matti am Telefon gesagt.

Er hatte etwas Unverständliches gebrummt. Oder etwas, was sie gar nicht hören wollte. Dann hatte er aufgehängt.

Sie ging nun auf dem gewundenen Fahrweg durch den Wald. Dort, wo die Sonne nicht hinkam, war es feucht vom Regen der vergangenen Nacht. In der Lichtung, in der nur vereinzelte Kiefern und Birken wuchsen, stand die Hitze aber noch sommerlich brütend. Es war Mitte August, und der Zenit des Jahres war längst überschritten. Wenn sie daran dachte, dass Matti den Winter hier draußen allein würde überstehen müssen, bekam sie beinahe wieder ein schlechtes Gewissen.

Bei dem kleinen Mückentümpel blieb sie stehen. Er war vollkommen mit Entengrütze bedeckt. Von hier waren es noch hundert Meter bis zum Hof. Eine Wegbiegung und sie wäre da.

Wie nur sollte sie es Matti sagen?

Arto hatte die Scheiben heruntergelassen und im Autositz gedöst. Der Schuss hatte ihn in einem seltsamen Traum erwischt, und im ersten Augenblick wusste er nicht, ob er selber getroffen war. Er stieg aus dem Wagen und horchte. Da war nur das Summen der Insekten und ein leichter Luftzug, der durch die Bäume strich. Nicht einmal das Brummen der Hauptstraße war zu hören, weil der Wind aus der anderen Richtung kam.

Er wartete. Aber es folgten keine weiteren Schüsse mehr, dass er die Richtung hätte feststellen können, in der sich der Schütze befand. An die Jagdvorschriften hielt sich hier eh keiner. Vor die Flinte laufen sollte man hier niemandem.

Plötzlich war er unsicher, ob er sich nicht verhört hatte. Ob es nicht nur der Traum gewesen war, der ihn aufgeschreckt hatte. Schließlich ging er doch zögerlich in den Wald hinein.

Auf halbem Weg kam ihm Märta entgegen. In ihrem Gesicht stand alles, was er wissen musste. Sie sagte nichts. Sie starrte ihn nur an. Wie einen Fremden. Sie weinte nicht einmal. Das würde sie nachholen, wenn der Schock verebbte.

Er griff ihr unter den Arm und führte sie zurück zum Wagen. Gepäck hatte sie keines dabei. Er verkniff es sich, danach zu fragen. Überhaupt wusste er nicht, wie er sich verhalten sollte. Auf der ganzen Fahrt zurück sprach keiner der beiden ein Wort.

Arto holte sich eine Dose Bier aus dem Kühlschrank. Zu jeder anderen Zeit hätte sich Marja mit verschränkten Armen vor ihn hingestellt. Jetzt warf sie ihm nur einen missbilligenden Blick zu. Er wusste es, ohne dass er hinschaute.

Spielte es eine Rolle, ob Märta die Wahrheit sagte? Der Alte hatte geschossen, das stritt sie nicht ab. Eigentlich genügte das.

Er riss die Lasche an der Dose auf und trank in langen Zügen. Das Bier schmeckte nicht wie sonst, dachte er, als er sich den Schaum von den Lippen wischte. Alles machte er kaputt, sein Schwager, dieses Arsch.

»Ich ruf jetzt auf dem Posten an«, sagte er zu Märta und stellte die Bierdose energisch auf den Tisch.

»Nichts wirst du«, mischte sich da überraschend Marja ein. »Das ist Frauensache, und wenn jemand anruft, dann ist das Märta selbst.«

Arto hielt sich mit beiden Händen an seinem Gürtel fest. Er versuchte, die Hose höher zu ziehen, als sei sie nicht nur wegen seines Bauchumfangs tiefer gerutscht. Und als hätte er, zu spät wieder einmal, diesen Griff der Ohnmacht realisiert, schnaubte er durch die Nase, ließ den Gurt, wo er war, und griff sich das Bier. Er stiefelte aus dem Haus. Die Tür schlug hinter ihm zu. Wenig später hörte man, wie drüben beim Schuppen die Axt wütend in die Holzkloben fuhr. Jetzt war es an Marja, die Luft hörbar auszustoßen.

»Also«, sagte sie und ließ das Abwaschwasser aus dem Trog laufen. »Wie war das nun genau? Er hat geschossen. So viel ist klar. Aber der Rest?«

Märta schwieg. Das Wasser gurgelte im Siphon. Marja rieb die matt gewordene Abdeckung aus Inox-Stahl trocken.

»Wie kam es, dass er plötzlich das Gewehr in der Hand hielt?«, fragte sie.

»Ich weiß es nicht«, murmelte Märta.

»Ich weiß es nicht, ich weiß es nicht!«

Marjas Stimme war lauter geworden. Wenn sie an ihrer Schwester etwas hasste, dann dieses Kleinlaute. Dass sie sich so mutlos verhielt, statt die Fäuste zu ballen.

»Du bist die Einzige, die dabei war – wer soll es denn sonst wissen, wenn nicht du?«

Märta hob hilflos die Schultern.

»Du bist auf den Hof gekommen«, sagte Marja. »Und dort hast du deinen Mann angetroffen. Draußen, auf dem Hof, auf der Vortreppe. Er hat auf dich gewartet. Mit dem Gewehr. Er wusste, dass du auftauchen würdest. Du hast ihn ja angerufen. Du hast ihm am Telefon mitgeteilt, dass du kommen würdest. War es so?«

Märta schüttelte den Kopf. Sie nestelte das Taschentuch aus der Schürzentasche. Als sie es endlich richtig gefaltet hatte, um die Tränen abzuwischen, hatte sie bereits vergessen, dass sie hatte weinen wollen.

»Wo hast du ihn dann getroffen?«, fragte Marja ungeduldig. »Wo befand sich Matti?«

»In der Küche«, sagte Märta. »Er saß in der Küche.«

»Beim Schnaps«, stellte Marja fest.

Ihre Stimme hatte einen verächtlichen Unterton.

»In der Küche«, wiederholte Märta.

»Beim Schnaps also«, blieb Marja hartnäckig. »Und dann sagtest du ihm, dass du ausziehen würdest.«

»Nein«, wehrte Märta ab. »Nein.«

»Nein?«

»Nein.«

»Märta!«

Märta blickte erschrocken auf.

»Sag mir die Wahrheit«, forderte Marja sie auf. »Die Wahrheit, Märta!«

»Ich wagte nicht, ihm die Wahrheit zu sagen.«

Märta flüsterte es beinahe. Marja setzte sich zu ihr und hielt ihr die zitternden Hände.

»Das glaube ich wohl. Aber wenn du es ihm nicht gesagt hast, hatte er doch auch keinen Grund, gleich das Gewehr zu holen?«

Märta schwieg.

»Märta, was hast du Matti gesagt?«, drang Marja in die Schwester, als diese keine Antwort gab.

Märta hob hilflos die Schultern.

»Wie nun also?«, fragte Marja ungeduldig.

»Er hat es erraten« sagte Märta.

»Hat er gesagt: Gib es nur zu, du willst mich verlassen – war es so Märta?«

Sie nickte.

»Du hättest es ihm sonst nicht gesagt?«

Märta schüttelte den Kopf.

»Ich wusste doch selbst nicht, ob ich das wirklich wollte.«

»Aber jetzt bist du sicher?«, wollte Marja wissen.

Märta nickte zögernd.

»Dann rufe ich jetzt bei der Polizei an«, sagte Marja, »und du erzählst Henrik Nyström, was genau vorgefallen ist.«

Märta schwieg. Sie hatte die Hände im Schoß gefaltet. Wie zum Gebet.

Matti

Matti hinkte über den Hof. Mit dem Stock hieb er nach den Steinen, die ihm in die Quere kamen. Das Gehen fiel ihm schwer. Die Hüften. Seit Jahren taten sie nur noch Dienst nach Vorschrift. Wäre er zum Arzt gegangen, hätte der ihm garantiert künstliche Gelenke aufgeschwatzt. Und wo das hinführte, sah er ja bei Oksanen. Der saß seither im Rollstuhl.

Er schlug nach einem weiteren Stein. Traf er nicht beim ersten Mal, so gab es keinen weiteren Versuch. Er hätte sonst stehen bleiben müssen. Und das ging ja nicht, da er sich dann auf den Stock abstützte. Am Anfang hatte er noch mitgezählt, wie manchen Stein er auf Anhieb getroffen hatte. Seit die Trefferquote stetig abnahm, hatte er es aufgegeben.

Traf der Stock, so gab der Alte ein glucksendes Geräusch von sich. Es war Arto, dem er den Hieb verpasste. Seinem Schwager, diesem falschen Hund. Und Marja. Natürlich steckte seine Schwägerin hinter allem. Sie hatte Märta so lange beackert, bis diese weich geworden war. Bis sie eingewilligt hatte in den nächsten Akt dieses Trauerspiels.

Der Hund, der neben ihm hertrottete, schielte ängstlich nach dem Stock. Der Alte beachtete ihn nicht. Er ging quer über den Vorplatz, hinüber zum leeren Hühnerhof, dessen Gehege gleich angrenzend an den Brennholzschuppen lag. Das Drahtgeflecht war an mehreren Stellen vom Rost zerfressen und hing durch. Die kotversprizte Leiter zum Hühnerhaus war eingebrochen. Das Holz war dort schwarz und schwammig. Um das Hühnerhaus, das auf hohen Beinen wie auf Stelzen stand, wucherte ein Urwald von Brennnesseln.

Der Alte blieb stehen. Sein Stock kam zur Ruhe. Lange stierte er durch die ramponierten Drähte und zählte die Hühner ab, die der Fuchs im Lauf der Jahre an Ort und Stelle gerupft oder fortgetragen hatte. Aus Fuchsfellen hatte er sich nie etwas gemacht. Wenn er einen Fuchs geschossen hatte, oder auch einen Marder, dann hatte er die blutigen Tierkörper an die Vogelbeerbäume hinter dem Haus gehängt. Zur Abschreckung. Die Krähen hackten ihnen die Augen aus. Die Fliegen setzten ihre Brut darin ab. Erst wenn die Maden sich im verwesenden Fleisch dick und gelb ringelten und der Gestank unerträglich wurde, verscharrte er die Kadaver in der kleinen Grube am Ende des Fahrweges. Weg damit! Er wollte nichts damit zu tun haben. Was sollte er mit einem Haus voller verstaubter Fuchsschwänze?

Er machte sich eigentlich auch nichts aus Hühnern. Aber als junger Mann hatte er die Eier roh geschlürft. Und mit einem kräftigen Schluck Wodka anschließend die Speiseröhre geputzt. Da war er so richtig im Saft gewesen. Er gluckste. Im Saft war er gewesen. Mutwille und Kraft fuhren wie Stromstöße durch seinen Körper. Er fühlte sich niemandem unterlegen. Niemand! Wie auch?! Was er fühlte, war das Leben. Das Leben, das er verkörperte, er selber. Es gab Augenblicke, da bewegte er sich nahe an der Unsterblichkeit. Ja, so war das gewesen. Gewesen.

Der Husten schüttelte ihn.

Eier. Später hatte Märta die dicken Eierpfannkuchen gebacken, nach dem Rezept ihrer Großmutter. Eine Spezialität der Åland-Inseln. Er hatte sich nie satt essen können daran.

Aber irgendwann waren dann auch vom letzten Huhn nur noch ein paar schäbige Federn zurückgeblieben, und er hatte sich geweigert, ein weiteres Mal neue Hühner zu kaufen.

»Wir haben einen nichtsnutzigen Hund«, hatte er Märta beschieden. »Das reicht. Oder glaubst du, ich will auch noch alle hergelaufenen Füchse ernähren?«

Nur: Die Füchse hatten ihm das nicht abgenommen mit dem leeren Hühnerhof. Die strichen nachts trotzdem ums Haus. Was wusste dieser Nyström schon? Keine Ahnung hatte er. Zugezogen war er, nicht von hier. Stand immer auf der Seite der Frauen, auch wenn seine eigene ... Aber er hatte ja wieder eine neue.

Der Alte hieb mit dem Stock auf das Drahtgeflecht, dass es schepperte. Der Hund machte erschrocken einen unbeholfenen Sprung zur Seite. Matti hatte sich mit dem Stock in den Zaunmaschen verheddert und wäre beinahe gestürzt, als er ihn endlich herausreißen konnte.

»Teufel auch!«, fluchte er.

Er war ein verdammt alter Mann geworden. Mit trüben Augen und unsicheren Beinen. Manchmal schlug diese Hilflosigkeit in ohnmächtige Wut um. Früher hätte er alles kurz und klein geschlagen. Früher. Bis wann hatte dieses *früher* gedauert? Seit wann konnte er nicht einmal mehr mit den Zähnen knirschen?

Und schießen? Bestenfalls in die Luft. Da lachten sich die Füchse krumm. Dabei hatte es eine Zeit gegeben, da war nichts vor ihm sicher gewesen. Da hatte er auf alles geschossen, was sich in seinem Waldrevier bewegte. Oder auch nur am falschen Ort stand. Das war vom einsamen Fliegenpilz über keifende Elstern und streunende Hunde gegangen, bis zu den mit dem Bus aus Bulgarien oder der Ukraine hergekarrten Beerenpflückern.

Der Hund winselte.

»Komm her«, sagte der Alte.

Das Tier bewegte die Ohren, blieb aber auf Distanz.

»Blödmann!«, zischte Matti.

Er schlug mit dem Stock nach ihm und schwankte. Der Hund wusste, dass er außerhalb der Reichweite des Stocks saß. Er rührte sich nicht, ließ aber den Alten nicht aus den Augen.

»Hau ab!«, brüllte Matti. »Hau ab!«

Der Hund leckte sich am haarlosen Bauch, dann trollte er sich.

»Ja, geh nur – geht nur, alle miteinander!«, schrie Matti. »Verdammtes Pack!«

Plötzlich durchfuhr ihn ein Schüttelfrost, als hätte er Fieber. Seine rechte Hand schmerzte, und als er hinsah, blutete sie noch immer.

Er ging zurück zum Haus. Auf der Vortreppe musste er sich ausruhen. Früher hatte er die drei Stufen in einem Schritt überwunden.

In der Küche lagen die Glasscherben wie kleine, glitzernde Eisstücke auf dem Tisch. In den Pfützen auf dem Wachstischtuch trieben zerquetschte Fliegen.

Matti setzte die Schnapsflasche an und schluckte, bis er husten musste. Er trug die Flasche zum Ausguss und goss den restlichen Inhalt über die blutende Hand. Vor Schmerz verzog er das Gesicht. Er sah es im Spiegel, der an der Wand hing. Alt war er geworden. Und schwach. Die Jahrringe kerbten sich immer tiefer ein. Er wusste es. Und die anderen wussten es auch. Er war verwundbar geworden. Sie bliesen zur Jagd. Jetzt hatten sie ihm Märta genommen. Das Wild war angeschossen. Glaubten sie. Es sei nur noch eine Frage der Zeit, bis sie ihn zur Strecke bringen würden. So lautete ihre Rechnung. Sie hatten die Polizei geschickt. Das Gewehr war weg. Vom Jäger war er plötzlich zum Gejagten geworden.

Ein Zittern lief durch die verletzte Hand. Der brennende Schmerz blieb. Matti ging in die Vorratskammer und holte eine neue Flasche. Er stellte sie auf den Tisch, aber er öffnete sie nicht.

Als er zum Haus gekommen war, stand die Tür offen. Er hatte sie wohl nicht richtig geschlossen, als er mit dem Hund in den Wald gegangen war. Aber dann hörte er, dass jemand im Haus war. Aus der Schlafkammer im Obergeschoss vernahm er das quietschende Reiben von Schubladen, die aufgezogen und zugeschoben wurden. Wer kam denn auf die absurde Idee, in dieser armseligen Hütte etwas stehlen zu wollen? Beinahe hätte er laut aufgelacht bei diesem Gedanken. Nein, das war irr! Trotzdem versuchte er, sich leise zu bewegen, als er zum Schrank ging im Flur und das Gewehr hervorholte. Das Knacken, als er den Hahn spannte, durfte der Eindringling dann ruhig hören. Einen Augenblick blieb es oben ganz still.

»Bist du das, Matti?«

Es war Märtas Stimme, und im ersten Moment war er froh, dass sie es war. Er stellte das Gewehr in den Treppenaufgang.

»Was zum Teufel machst du da oben?«, fragte er, und die Erleichterung hatte sich bereits wieder verflüchtigt.

»Märta!«, rief er, weil sie nicht Antwort gab.

»Gleich«, rief sie jetzt, und er hörte, dass sie herunterkam.

»Haben sie dich rausgeschmissen?«, grinste er, als sie auf dem Treppenabsatz stehen blieb.

»Wie meinst du das?«, fragte sie.

»Na, weil du schon zurück bist.«

»Ich bleibe nicht«, sagte Märta.

Das Zittern in ihrer Stimme war nicht zu überhören.

»Du bleibst nicht?«

»Nein. Ich wollte nur ein paar zusätzliche Sachen holen.«

Er sah sie scharf an. So scharf, wie das bei seinen Augen noch möglich war. Märta zuckte zusammen und wich seinem Blick aus.

Matti sah, dass sie log. Eigentlich hatte sie sagen wollen: *Ich bleibe nicht länger hier.* Sie hatte sich nie verstellen können, ihm gegenüber nicht und auch sonst niemandem. Ein offenes Buch war sie, eine miserable Schauspielerin.

»Du willst mich verlassen«, sagte er kalt.

Sie zuckte zusammen.

»Matti …«

»Ich weiß alles«, sagte er.

»Nein, Matti, ich …

»So weit hat dich diese Brut also gebracht«, stellte er fest. »Hetzt meine Ehefrau gegen mich auf!«

Er presste die Worte durch die Zahnstummel, dass der Speichel spritzte.

»Du verstehst das falsch«, versuchte Märta ihn zu beschwichtigen.

»Du konntest noch nie lügen«, gab er zurück.

»Es geht doch nur um ein paar Tage«, sagte Märta.

»Erzähl das deiner fürsorglichen Schwester«, zischte Matti. »Soll sie dich behalten! Vielleicht wird der Schwager noch mehr Freude an dir haben.«

»Ich bitte dich, Matti«, flehte Märta.

Ihre Stimme hatte jetzt diesen weinerlichen Ton, den Matti über alles hasste.

»Geh nur – los, geh!«, sagte er. »Hau einfach ab!«

Verängstigt versuchte sie, sich an ihm vorbeizudrücken, um zur Tür zu gelangen. Er hinderte sie nicht.

»Es tut mir leid«, sagte sie. »Ich wollte nicht …«

»Was tut dir leid?«, brüllte er.

Sie sah, dass er nach dem Gewehr griff, und eilte zur Tür hinaus.

Matti humpelte ihr nach durch den Flur, in der einen Hand den Stock, in der anderen das Jagdgewehr.

»Dann soll es dir auch leidtun!«, schrie er ihr nach.

Als er endlich auf der Vortreppe stand, war Märta bereits in den Waldweg eingebogen. Er hob das Gewehr in die Luft und erschrak selber, als sich plötzlich ein Schuss löste.

Der Knall hatte ein Loch in den Himmel gerissen, und irgendwo war ein großer Vogel aus den Bäumen aufgeflattert.

Das Brennen in der Hand hatte etwas nachgelassen. Der Alte starrte auf die Flasche. Die Flasche glotzte ihn an. Seine Hand zuckte. Aber er hielt sich zurück. Vor wenigen Jahren noch hätte er die Flasche gegen die Wand geschmissen. Die volle Flasche. Und hätte zugesehen, wie Märta die Sauerei wortlos aufputzte. Die andere Hand, die unverletzte, war wieder unruhig geworden und ging ihrer spinnenhaften Tätigkeit nach. Aber die Fliegen waren ihr bald zu wenig. Sie hatte Lust, in etwas Größeres zu greifen, in etwas Weiches, Zartes. Sie hatte Lust, zuzudrücken und nicht mehr loszulassen, bis dieses so aufreizend Unschuldige sich nicht mehr regte. Genau das machte den Alten so fuchsteufelswild: dieses ahnungslos Unschuldige, das niemandem etwas zuleide tun konnte.

Plötzlich besann er sich auf die Kaninchenpistole. Seine Augen bekamen einen seltsamen Glanz. Kaninchen besaß er zwar schon seit Jahren nicht mehr. Aber die Waffe war noch da. Er überlegte, wo er sie hingelegt hatte. Soweit er sich erinnerte, musste sie sich in der Werkstatt befinden. In einer Schublade. Doch Schubladen gab es viele in der Werkstatt.

Ächzend stand er auf. Als er die Haustür öffnete, erhob sich der Hund, der auf der Vortreppe gelegen hatte, zog den Schwanz ein und ging dem Alten aus dem Weg.

Olli

Olli hatte das Fenster weit geöffnet. Für seine Begriffe war die Nacht richtiggehend schwül. Als ob sich die ganze Hitze des vergangenen Sommers noch in der Wohnung staute. Er hielt es jedenfalls nur in T-Shirt und Unterhose aus. Die Lautstärke des PCs hatte er leiser gestellt, damit die Nachbarschaft im Haus das Gestöhne nicht mitbekam. Reklamationen waren das Letzte, was er jetzt gebrauchen konnte. Wie immer, wenn er zu neuem Stoff gekommen war, hatte er ausgiebig gekifft. Nun fläzte er sich auf dem Sofa und sah zu, wie sie es auf dem Bildschirm miteinander trieben. Er befand sich bereits zu tief in einer Wolke von Trägheit, als dass er noch hätte Hand an sich legen können.

Rauchen, trinken, Hand an sich legen: Bei einigen Dingen pflegte er sich jeweils gewählter auszudrücken, als man ihm zugetraut hätte. Seit Irma ihn verlassen hatte, war er abgesackt. Da gab es nichts zu beschönigen. Nur die Sprechweise hatte er aufrechterhalten können. Alles andere schlitterte immer wieder gefährlich am Abgrund vorbei. Fünf Jahre war er mit Irma verlobt gewesen. Zu einer Heirat hatte er sich nie entschließen können. Weiß der Teufel, was ihn daran gehindert hatte.

Er stierte mit offenem Mund auf den Bildschirm. Ohne Stöhnen war das nichts. Er hätte aufstehen und das Fenster schließen müssen, um den Ton lauter machen zu können. Die Anstrengung lohnte sich nicht. Vielleicht war Irma auch nur gegangen, weil er sie irgendwann gefragt hatte, ob sie beim Sex nicht mal ein wenig, also richtig, also hemmungslos geil stöhnen könnte. Irma wollte nicht. Sie fand das taktlos und abstoßend. Eine Zumutung. Überhaupt: eine Schweinerei! Irma wollte nicht stöhnen. Sie wollte geheiratet werden. Das Geschäft war nicht zustande gekommen.

Natürlich hatte es nach Irma noch ein paar andere Frauen gegeben. Auch solche, die stöhnten. Schließlich war er mit siebenunddreißig noch nicht aus dem Rennen gewesen. Aber an jeder hing wieder ein unüberblickbarer Wust von Zwängen, Familie, Job und der ganze psychologische Scheiß, der seine kalten Finger um den Hals der Beziehung legte. So gab er es schließlich auf, entsagte, besann sich auf sich selber und die Vorteile des Internets, das sich per Tastendruck und Mausklick zu- oder ausschalten ließ.

Die Zeit verging. Die Tage schrumpften, die Jahre versanken in Bedeutungslosigkeit. Nun war er bereits vierundvierzig. Irma sah er ab und zu, die Stadt war ja trotz ihrer Größe provinziell geblieben. Irma war jetzt verheiratet und hatte zwei Kinder, die bereits eingeschult waren. Er ging ihr aus dem Weg. Jedes Mal wenn er sie sah, beim Einkaufen, beim Eislutschen mit den Kindern, bei einer Auseinandersetzung mit der Tochter, deren vorpubertäre Ausbrüche erste Kratzer am Familienidyll hinterließen, jedes Mal kam eine seltsame Verlegenheit über ihn. Wie etwas Peinliches, er wusste nicht, was es war. Nein, er hatte nichts verpasst, schüttelte er unwillig den Kopf. Das war es doch, was ihm das Unterbewusstsein einflüstern wollte: Du hast es vermasselt. Du allein. Das alles hättest du haben können. Deine Kinder könnten es sein, deine Frau. Sie hätten dich aus dem Sumpf herausgezogen, worin du steckst, deine Frau und deine Kinder. Du hättest die Chance gehabt, endlich so zu werden wie alle anderen. Aber du hast es nicht gepackt. Du hast es weggeworfen. Du warst zu feige, du warst zu faul!

Und wenn schon.

Er angelte nach der Bierdose, die neben dem Bildschirm auf dem Couchtisch stand. Statt sie zu fassen, stieß er sie um. Der Inhalt, zum Glück nicht mehr viel, ergoss sich über den angebissenen Rest Pizza im Karton, der vom Fett schon ganz pampig geworden war. Pampig wie sein Bauch, den er sich in den eineinhalb Jahren zugelegt hatte, seit er vom Sozialdienst lebte und keiner regelmäßigen Arbeit mehr nachging.

Olli seufzte. Seine Augen suchten nach dem Plastikbeutel mit dem betörend duftenden Gras. Vielleicht lag er hinter dem Pizzakarton. Aus seiner halb liegenden Stellung konnte er ihn nicht sehen. Jedenfalls war das Gras nicht nass geworden. Mehr konnte man vom Leben nicht verlangen. Tat er ja auch nicht.

Aber die Sache mit dem Sozialamt war schon mühsam. So mühsam, wie alles geworden war, seit er die Stelle verloren hatte. Jetzt hatten ihn auch die auf dem Arbeitsamt als kaum mehr vermittelbar eingestuft. Bei Pulkkinen & Söhne hatte er seinerzeit eine Anlehre als Maurer gemacht und anschließend im Betrieb bleiben können. Der Seniorchef, der seinen Vater kannte, hatte stets ein Auge oder zwei zugedrückt, wenn Olli, wie das quartalsweise vorkam, zu spät oder gar nicht zur Arbeit erschienen war.

»Na, Olli«, brummte er jeweils, »wieder mal über die Stränge geschlagen? Jetzt aber los, in die Hände gespuckt, wir brauchen dich!«

Und Olli hatte, beinahe militärisch stramm, die Hacken zusammengeschlagen vor so viel Großmut.

Er hatte an einigen Wohnblocks mitgebaut, die hier an der Peripherie der Stadt standen, Blocks wie der, in dem er wohnte. Keine hochstehende Architektur. Nutzbauten eben. Aber man hatte am Abend sein Tagewerk überblicken können. Stein auf Stein, sauber gepflastert. Frisch gegossene Betonpfeiler und Betondecken. Und man hatte gewusst, warum man müde war, weshalb der Rücken schmerzte. Woher die Schwielen stammten an den Händen und die grauen Spritzer im Gesicht. Auch das Bier, das verdiente, hatte anders geschmeckt.

Als der alte Pulkkinen in Pension gegangen war, hatten die Söhne den Betrieb umgekrempelt. *Restrukturierung* war das zugehörige Wort. Da war für ihn und ein paar andere kein Platz mehr gewesen. Primär müsse die Firma überleben, hatte es geheißen. Es tue ihnen leid, besten Dank für die geleisteten Dienste, man arbeite an einem Sozialplan. Nur wurde dann nichts daraus. Widrige Umstände. Schulterzucken. Das war's.

Eigentlich hatte er ja alles, was er brauchte. Das Sozialamt bezahlte die kleine Wohnung. Die Arbeit fehlte ihm irgendwann auch nicht mehr. Im Gegenteil. Er benötigte für alles plötzlich viel mehr Zeit. Die Langsamkeit hatte ihn entdeckt, die Trägheit stand ihm zur Seite, und er fragte sich, woher er früher die Zeit genommen hatte, um überhaupt zur Arbeit zu gehen.

Natürlich wäre er, wie einige ehemalige Kollegen, lieber mit einem dieser alten Ami-Schlitten herumgefahren, Spannweite drei Meter im Heck und Kotflügel so groß wie der Rumpf eines Kleinflugzeugs. Stattdessen hockte er noch immer in dem zerbeulten Volvo ohne Radkappen, der aussah wie ein zuschanden gerittenes Pferd. Wenn er durch das Quartier kurvte, blickten sich alle nach ihm um, weil der Motor röhrte, als falle gleich der Auspuff ab. Tat er aber nicht.

Manchmal fuhr er mit der Kiste nach Norden, über Asikkala und Padasjoki nach Kasiniemi, geografisch und geschichtlich zurück in die Gegend, in der er aufgewachsen war und wo der Hof der Eltern stand. Er trauerte dieser Zeit nicht nach. Er fuhr nur hin, wenn eine finanzielle Zusatzspritze unumgänglich war. Die Allgemeinheit bezahlte weder Auto noch Gras. Also blieb ihm nichts anderes übrig, als bei seinen Alten vorzutraben und diese dazu zu bringen, dass sie etwas locker machten.

Taten sie aber längst nicht immer. Es kam ganz darauf an, in welcher Verfassung man den Vater antraf. Und die Verfassung hing nicht nur von dessen Gesundheitszustand ab. Der Alte war unberechenbar. Nach wie vor. Und gewalttätig. Keiner wusste das besser als Olli. Mit zunehmendem Alter war das nicht anders geworden. Aber es war immerhin einfacher, seinen physischen Attacken auszuweichen. Dafür hatte der Vater verbal noch zugelegt.

»Wenn du wenigstens anständig saufen würdest«, hatte er letzthin gesagt. »Aber diese hirnschwache Kifferei. Richtige Männer saufen! Alles andere ist Weiberzeug. Oder schwul.«

Klar: Wenn er nur gesoffen hätte, wenn er nur schwul gewesen wäre, oder auch beides zusammen, dann hätten sie ihn sogar beim Militär genommen. Aber einen, der Illegales konsumierte und auch noch damit handelte … Tat er aber schon lange nicht mehr. Nur noch Eigenbedarf. Alles andere war zu aufreibend. Er vertrug das nicht mehr. Es gab Bluthochdruck, Magengeschwüre, Gallensteine. Stress, einfach nur Stress. Hatte er alles im Internet gelesen. Er wusste zu viel. Ihm konnte keiner mehr etwas vormachen.

»Hosenscheißer!«, hatte sein Alter ihn betitelt. »Hypochonder!«

Woher er den Ausdruck hatte? Er wusste ja nicht einmal, wie man einen Computer startete. Keine Ahnung hatte er.

Und als Vorbild – hach! Nur nicht so werden wie der Alte. Vielleicht lag genau darin der Schlüssel, dass er, der Sohn, aus der Rolle gefallen war.

Olli versuchte sich aufzurichten. Er wollte weder rauchen noch saufen. Genug für heute! Er war ganz einfach wütend. Wütend über den Alten, der ihn in die Welt gesetzt hatte. Wütend über die Mutter, die sich von diesem Mistkerl hatte unter die Röcke greifen lassen. Und wütend über sich selber, weil er sich wieder in geistige Turbulenzen hatte verwickeln lassen. Reine Energieverschwendung!

Und jetzt war sie dahin, die Energie. So ging es immer. Eigentlich wusste er es ja. Das machte die Wut nicht kleiner. Nicht einmal das Aufsitzen gelang noch. Das Letzte, was ihm durch den Kopf ging, bevor nach den Muskeln auch die Schaltzentrale ausfiel, war das Telefongespräch mit dem Alten. Er hatte ihn am frühen Abend angerufen, um sein Kommen für den folgenden Tag anzukünden. Und um die allgemeine Lage zu sondieren. Die allgemeine und die spezielle. Ob es überhaupt Sinn machte zu fahren. Ob es sich auch auszahlen würde.

Der Alte war nicht gerade gesprächig gewesen. Aber das war er eigentlich nie. Ausgenommen die Phasen, in denen er außer sich geriet und eine seiner Tiraden gegen alle und alles loslassen musste. Aber das umging man besser. Da war stets Vorsicht und Taktik angebracht.

»Also, dann bis morgen«, hatte er gesagt.

»Morgen«, hatte der Alte wiederholt.

Sonst hatte er nichts gesagt. Nur dieses eine Wort. *Morgen.* Weder fragend, noch zustimmend. Und das Seltsamste war, dass er nach einer Weile, in der beide nur in die Leitung schwiegen, noch hinzugefügt hatte: «Das musst du mit deiner Mutter ausmachen.«

Als ob die Mutter jemals etwas zu sagen gehabt hätte. Natürlich war sie es, die ihm ab und zu etwas zuschob. Heimlich, hinter Mattis Rücken. Er durfte nichts davon erfahren. Auf gar keinen Fall. Wie und wo die Mutter etwas abzweigen konnte, ohne dass es der misstrauische Alte mitbekam, blieb ihr Geheimnis.

Was sollte er denn mit der Mutter ausmachen? Matti – er brachte das Wort *Vater* schon lange nicht mehr über die Lippen –, wusste Matti mehr, als er preisgeben wollte? Zuzutrauen wäre es ihm. Andrerseits glaubte Olli nicht daran. Über Geld musste man mit dem Alten nicht diskutieren. Jedenfalls nicht, wenn es nicht etwas Zusätzliches einzubringen versprach.

Ollis Einwand wurde nicht mehr weitergeleitet. Der Alte hatte bereits aufgelegt.

Henrik

Henrik Nyström kam nicht weit. Nachdem er vor Harmoinen die Abzweigung nach Torittu genommen hatte, musste er vor der roten Ampel einer Baustelle anhalten. Zwar hatte er schon bei der Herfahrt festgestellt, dass ein längerer Straßenabschnitt erneuert werden sollte, die Ampeln waren aber noch nicht in Betrieb gewesen. Er würde zehn Minuten warten müssen, oder länger, er wusste das. Die Baustelle erstreckte sich über mindestens einen Kilometer. Er überlegte, ob er wenden und den Umweg über Arrakoski fahren sollte. Aber das machte keinen Sinn. Die zusätzliche Strecke war zu lang, als dass er einen Zeitvorteil herausgeholt hätte. Zudem: Wenn das eintreten sollte, was er befürchtete, dann war er wohl so oder so zu spät. Er ließ die Scheibe herunter, stellte den Motor ab und zündete sich eine Zigarette an.

Was hatte der alte Nieminen über die Ehe gesagt? Nichts. Er hatte nichts über die Ehe gesagt. Nein, hatte er nicht. Er hatte nur über das Scheitern gesprochen. Über das Scheitern? Eigentlich auch darüber nicht.

»Frauen gehen weg, Männer gehen weg. Was wissen wir.« Das hatte er, Henrik, gesagt.

»Du bist geschieden, Heikki«, hatte Nieminen darauf erwidert. »Du musst es wissen.«

Du musst es wissen. Das war es. Da saß der Pfeil. Tief im Fleisch, immer noch. Nach so vielen Jahren.

Was wissen wir.

Nieminen hatte seinen Satz nicht akzeptiert. Eine Aussage ohne Wert. Wer geschieden ist, muss es wissen.

Natürlich wusste er es. Die Fakten waren klar. Daran gab es nichts zu rütteln. Er zog den Rauch tief in die Lungen, als gelte es, dort etwas auszumerzen. Oder eine Leere auszufüllen. Wenn der Atem allein dazu nicht ausreichte.

Heikki. Hier nannte ihn keiner bei seinem ursprünglichen Namen. Henrik war er nur als Knabe gerufen worden. In der Familie. In Österbotten, wo er aufgewachsen war. Wo man noch Schwedisch sprach. Er hasste das finnische Kürzel seines Namens. Andererseits war er froh darüber, denn es bedeutete, dass er akzeptiert war, dass er hier nicht mehr nur der Schwedischstämmige war.

Er rauchte die Zigarette zu Ende, hastig, ohne Genuss. Aus der Gegenrichtung war noch kein Fahrzeug aufgetaucht. Er schaltete das Radio ein und trommelte mit den Fingern auf dem Lenkrad den Takt zur Musik. Zu schnell. Viel zu schnell. Und dann ärgerte er sich, weil er aus dem Takt fiel.

Ja, er hatte früh geheiratet. Zu früh und zu jung. Seine Jugendliebe. Sie waren schon zusammen zur Schule gegangen und wie Bruder und Schwester aufgewachsen.

»Das kann nicht gutgehen«, hatte seine Großmutter die Verbindung bemäkelt. »Man heiratet nicht die Erstbeste.«

Wenn aber die Erste die Beste ist? Sie hatten es nicht anders gewusst. Er nicht und Janna nicht. Janna war Lehrerin geworden. Sie liebte Kinder. Aber die Ehe blieb kinderlos.

»Du hast sie ja in der Schule«, hatte er gesagt und gehofft, sie würde, wie er, im Job ihre Erfüllung finden. Wobei: *Erfüllung,* das war nun doch etwas zu pathetisch. Das war ein Pastorenwort. Gedacht hatte er vielmehr, sie würde abends von der Plackerei des Tages so hundemüde sein wie er, so dass da gar keine anderen Gedanken mehr Platz hätten. Die Gemeinschaft war praktisch. Man hatte ein Zuhause, man wusste, wo man hingehörte. Mehr konnte man doch nicht verlangen. So hatten sich die Jahre hingezogen, und jeder, glaubte er, hatte seinen Teil zum gemeinsamen Leben beigetragen.

Aber dann hatte Janna ihm eines Tages eröffnet, dass sie schwanger sei. Nicht von ihm. Eine Woche später war sie ausgezogen und hatte sich mit dem Erzeuger ihres künftigen Kindes ein neues Nest gebaut.

Seine Welt, die er wenigstens im Privaten als einigermaßen heil eingestuft hatte, frei von Hader, Zwist, Betrug und Blut, wie er es im Beruf täglich erlebte, seine Welt hatte einen tiefen Riss bekommen. Er war in Selbstmitleid versunken. Die Ersatzfrauen, die er getroffen hatte, waren davon wenig angetan gewesen. Zwei Jahre dauerte es, bis er sich auf sich selbst besonnen und wieder einen Marktwert erlangt hatte.

Henrik machte eine unwillkürliche Bewegung mit der Hand, als wollte er all das Vergangene, Unerfreuliche wegwischen. Die Hand streifte die Frontablage über dem Armaturenbrett und hinterließ eine Spur im abgelagerten Staub. Als hätte sich eine Schlange durch den Sand gewunden.

Verdammt, wie kam einer in diesem Alter dazu, auf die eigene Frau zu schießen?

Natürlich war er damals wütend gewesen auf Janna. Natürlich hatte er ihr die Schuld zugeschoben im ersten Augenblick. Aber handgreiflich werden? Nein. Nie wäre ihm eingefallen, sie auch nur zu packen und zu schütteln. Vielleicht unterschied ihn das von den richtigen Männern. Dass er nicht zeigte, wer das Sagen hatte. Dass er nicht bestimmte, wo's langging. Ein Waschlappen! Und so etwas schimpfte sich Polizeibeamter. Darüber wurde ja ein Elch nachdenklich.

Es war nicht das erste Mal, dass er hinaus zu den Nieminens hatte fahren müssen. Matti hatte den Finger schon früher
zu nah am Drücker gehalten. Zur Unzeit gejagt. Den Nachbarn bedroht. Er hatte einige Kerben im Holz, der Alte.

Wie unter Zwang drehte sich Nyström nach dem Gewehr
um, das zugedeckt im Fond des Wagens lag. Aber die hintere
Sitzreihe nahm ihm die Sicht.

Er staunte immer wieder darüber, wie viele Leute ihre Waf-
fen offen herumliegen ließen. Oder gar zur Schau stellten.
Wenn er nur daran dachte, wie die manchmal bei den Ein-
kaufszentren mit ihren Geländewagen aus den Wäldern auf-
tauchten. In irgendwelchen Tarn- oder Kampfanzügen. Als
kämen sie geradewegs aus einer fremden Söldnertruppe. Er
hielt nicht viel von Statistiken. Aber dass mehr als jeder zweite
Einwohner dieses Landes eine Schusswaffe besitzen sollte, dieses Wissen verdankte man der Statistik. Ein Volk von Waffen-
narren. Annähernd so schlimm wie drüben in den Staaten.
Immer unter dem Mantel der individuellen Freiheit. Und
dann wunderten sie sich, wenn Dinge geschahen wie in der
Schule von Tuusula, wo ein Jugendlicher bei einem Amoklauf
mehrere Mitschüler und Lehrer erschossen hatte. Staatstrauer.
Fahnen auf Halbmast. Das war die hilflose Antwort der Politi-
ker auf solche Vorkommnisse.

Als Nyström in den Rückspiegel blickte, stellte er fest, dass
mittlerweile fünf, sechs weitere Wagen in der Kolonne hinter
ihm warteten. Ungeduldig sah er auf die Armbanduhr. Die
veranschlagten zehn Minuten waren längst vergangen. War die
Automatik der Ampelanlage etwa noch gar nicht eingeschaltet,
sodass ein Arbeiter nach Belieben irgendwann auf den Knopf
drücken musste? Er rutschte unruhig auf dem Sitz hin und her.

Die Staubwolke, die in der Ferne sichtbar war, wurde aufgewirbelt von einem Baulaster. Wie ein fauchendes Untier rollte er heran. Als der Fahrer sich dem Polizeiauto näherte, bremste er ab und hob die Hand, ohne den Blick von der Straße zu wenden. Henrik, der gerade noch rechtzeitig die Scheibe hochgekurbelt hatte, war sich nicht sicher, ob er den Mann kannte. Die Staubwolke legte sich über die wartenden Wagen wie eine braune Decke.

Wenige Minuten später tauchte schließlich die Fahrzeugkolonne der Gegenseite auf und ratterte vorbei. Der Staub machte es schwierig, die Gesichter hinter den Windschutzscheiben zu erkennen.

Plötzlich glaubte Henrik aber, Olli gesehen zu haben. Den Sohn des alten Nieminen. Eine verkrachte Existenz. Anders konnte man das nicht bezeichnen. Eigentlich schade um ihn. Er hätte sicher Potenzial gehabt, in irgendeiner positiv zu verwertenden Form. Aber bei dieser Herkunft. Einer unter vielen in der Stadt, die sich irgendwie durchschlugen oder von der Unterstützung lebten. Die Geschichten, die sie erzählten, die sie für sich erfanden, blieben unter dem Strich eine wie die andere.

Nein, es konnte nicht Olli gewesen sein. Der fuhr doch diesen alten Volvo. Jedenfalls keinen Audi. Henrik schüttelte den Kopf.

Jetzt kamen keine weiteren Autos mehr. In der Luft flirrte immer noch der aufgewirbelte Straßenstaub.

Henriks Blick streifte die beiden Beutel mit den Süßigkeiten. Zögernd nahm er den einen in die Hand und öffnete ihn. Er griff nach dem erstbesten Stück und steckte es in den Mund. Es schmeckte süß. Unglaublich süß. Aber dann nahm das Saure überhand und wurde immer dominanter. Schließlich fühlte sich seine Zunge beinahe taub an, und er spuckte den Rest aus dem wieder geöffneten Wagenfenster.

Endlich schaltete die Ampel auf Grün.

Matti

Manchmal war der Schmerz unerträglich. Da half auch der Branntwein nicht. Seit er auf der Küchenbank schlief – und das tat er, seit Märta weg war – seither saß der Schmerz nicht nur in den Beinen, sondern auch im Rücken. Aber es schien ihm nicht möglich, in das gemeinsame Schlafzimmer zurückzukehren, das oben an der steilen Treppe lag. Niemals. Dort hatte er nichts mehr zu suchen. Dort lagerten vierundvierzig unerträgliche Jahre. Ein Raum voller Ballast. Eine stickige Atmosphäre, worin sich kaum atmen ließ.

Der Schmerz war kein Verhandlungspartner. Er kam und ging, wie es ihm passte. Meist passte es ihm, Mattis Nähe zu suchen. Er war ein treuer Begleiter, das ließ sich nicht leugnen.

Matti lachte höhnisch auf, als er auf die Vortreppe trat. Er verachtete sich, weil er den Schmerz nicht beherrschen konnte.

»Den eigenen Schatten kann man nicht verkaufen«, hatte Arto gesagt.

Der Arschlecker! Immer wusste er es besser. Das Milchgesicht aus der Schule. Hatte alles seinem geölten Mundwerk zu verdanken, das man drei Tage nach dem Jüngsten noch eigens würde totschlagen müssen. In der Schule hatten sie dafür gesorgt, dass er ab und zu auf die Fresse gefallen war. Aber auf die Dauer hatte auch das nichts gebracht. Und zur Krönung hatte er dann noch Märtas Schwester geheiratet. Sein Schwager!

Matti spuckte angewidert auf den Boden. Dass er nicht mehr die Reichweite von früher besaß, war er sich bewusst. Auch wenn er nicht feststellen konnte, wohin er traf. Bei seinen Augen. Der grünliche Fleck klebte auf der untersten Kante der Vortreppe. Der Schwerkraft folgend zog er sich in die Länge, und als der gewichtsmäßig größere Anteil im Unkraut unten an der Treppenstufe angekommen war, ballte er sich wieder zu einer glitschigen Masse.

Matti stieß den Stock auf die Vortreppe, dass das Holz knirschte. Als ob er ein ekliges Insekt zerquetschen wollte. Er war nie einer gewesen, der einem Herausforderer aus dem Weg gegangen war. Er nicht. Er hatte niemanden gefürchtet. Man durfte das Wort gar nicht erst in den Mund nehmen. Sonst hatte man schon verloren.

Gegen den Schmerz hatte er verloren. Das wusste er nur zu gut. Wenn der Gegner im Inneren saß. Aber sonst musste ihm keiner kommen. Nicht der Schwager. Und auch der Bulle nicht. Der mit seinem aufgesetzten Verständnis für alles und jeden.

Warum er damals Märta nachgegeben hatte und mitgegangen war zu diesem Sommerfest, drüben auf Vehkakylä? Es war ein Fehler gewesen. Auch nach mehr als zwanzig Jahren war es noch immer ein Fehler. Obwohl – es hatte sich einiges geklärt an diesem Tag im August.

Bei der kleinen Waldschenke am See, am Vehkajärvi, sollten Musik und Tanz sein am Wochenende. Auf den Anzeigen, die an jeder Telefonstange klebten, wurde eine Sängerin mit Begleitband angekündigt. Für Essen und Getränke würde Hannu, der Wirt, sorgen. Und auch für die Kinder sollte es etwas geben. Es kam nicht allzu oft vor, dass hier draußen etwas los war. Das war auch der Grund, warum er Märtas Gejammer schließlich erhörte. Immerhin war Hannus Korn nicht von der übelsten Sorte. Notfalls würde er sich daran halten.

Als sie sich am späten Nachmittag dem Festplatz vor der Waldschenke näherten, wollte Matti gleich wieder umkehren.

»Zu viele Leute«, brummte er.

»Ach was«, sagte Märta und zog ihn mit sich.

Das ganze Dorf war da. Alles, was im Umkreis des Sees wohnte. Und auch Auswärtige, wie Matti feststellte. Leute, die er noch nie gesehen hatte. Der Wald widerhallte von Lachen, Palaver und Kindergeschrei. Musik lief vom Band, während auf der Bühne drei nicht mehr ganz junge Männer eine Lautsprecheranlage installierten. Neben der Bühne war aus gehobelten Brettern eine behelfsmäßige Tanzfläche ausgelegt worden.

Märta blieb gleich in einer Frauenrunde stecken, während sich Matti, auffordernde Zurufe ignorierend und zudringlichen Blicken ausweichend, durch die Menge zum Bierausschank vordrängte.

»Schön, dass ihr auch gekommen seid«, sagte Hannu.

Er war mindestens einen Kopf größer als Matti. Ein Koloss von einem Mann. Aber immer freundlich und guter Laune. Nun ja, als Wirt …

»Konnte es ihr nicht ausreden«, sagte Matti und deutete hinter sich.

Hannu lachte. Matti war sich nicht sicher, ob der andere ihn richtig verstanden hatte. Auch egal. Jetzt, in der einen Hand das Bier, in der anderen den Korn, sodass er keine Hand mehr frei hatte, um weitere Hände schütteln zu müssen, fühlte er sich gewappnet für die nächsten Stunden.

Unter den Bäumen und auf der Lichtung sirrte und summte es wie von Tausenden von Insekten. Märta flog von einer Blume zur nächsten und sammelte Nektar und Blütenstaub. All das, was der Alltag ihr sonst vorenthielt. Matti ließ sich langsam herab und tauschte einzelne Sätze mit seiner Umgebung aus. Ein schwerfälliger Brummer, der in kleinem Radius um ein paar wenige Pflanzenstängel kreiste, ohne sich für einen

Landeplatz entscheiden zu können. Seinen Treibstoff holte er sich in regelmäßigen Abständen an Hannus Getränkestand.

Es war warm an diesem späten Nachmittag. Die Hitze hielt sich noch zwischen den Bäumen und strahlte aus den rotgetünchten Holzwänden der Schenke. Das gab Durst. Und es gab noch mehr Durst, als die Musiker zu spielen begannen. Polka, Tango, rassige Tänze, zu denen erst mal die jungen Burschen ihre Bräute oder Noch-nicht-Bräute auf den gehobelten Brettern herumschwangen, dass den Alten Sehen und Hören verging.

Matti verbrannte sich beinahe die Finger an seiner Zigarette, weil er seine Augen nicht von der Tanzfläche lösen konnte. Es entging ihm nicht, was sich da an attraktivem Fleisch präsentierte.

Arto, der mit Marja an ihm vorbeizog, versetzte ihm einen Stoß zwischen die Rippen.

»He, Alter – was die können, können wir schon lange!«

Er drängte auf den Tanzboden und begann seine rundliche Frau herumzuwirbeln, dass es aussah, als treibe er einen farbigen Kreisel vor sich her.

»Äffisches Getue!«, murmelte Matti.

»Ich hab Hunger!«, schrie ihm kurz darauf jemand ins Ohr. Märta versuchte, Musik und Lärm zu übertönen. Sie zeigte in Richtung des Wurstgrills. Matti schüttelte unwillig den Kopf, rückte dann aber doch einen Geldschein heraus.

Märta kam mit Wurst und Limonade zurück. Matti murrte, weil sie ihm auch eine Wurst und Senf gebracht hatte. Trotzdem war er mit dem Essen längst vor ihr fertig. Er schob den verschmutzten Pappteller unter den von Märta, den sie immer noch in der Hand hielt, und zündete sich eine neue Zigarette an. Und dann war Märta bereits wieder im Gewühl verschwunden. Jemand hatte nach ihr gerufen. Er hatte nicht mitbekommen, wer es war.

Er blickte auf die Uhr. Es war erst halb acht. In einer halben Stunde sollte die Sängerin auftreten. Er versprach sich ja nichts davon, aber worauf sollte er sonst warten. Als Hannu eine Freirunde ausgab, besorgte er sich einen weiteren Korn. Dabei wurde er in eine politische Diskussion verwickelt, die ein paar Männer in seinem Alter vom Zaun gerissen hatten, allen voran einer mit ausgeprägt slawischen Zügen, den man für einen Ausländer halten konnte. Und so, wie der soff.

Matti kippte sein Glas und bewegte sich wie ein Krebs seitwärts aus der Gefahrenzone hinaus. Wenn es um Politik ging, begab er sich meist aufs Glatteis und ließ sich zu Aussagen verleiten, die er im Nachhinein bereute. Vorausgesetzt, er erinnerte sich daran. Sonst würden es mit Sicherheit die anderen tun. Man kannte seine markigen Sätze. Sie waren böse und kantig. Sie trafen den Kern der Sache, blieben aber Dreckschleudern ohne Hintergrund. Man konnte leicht einen Strick daraus drehen und den Urheber daran aufhängen. Unwillkürlich rieb sich Matti den Hals, wo die Bartstoppeln den Ansatz des Adamsapfels wie stachliges Unterholz überzogen.

»Wo treibt sich denn Märta die ganze Zeit herum?«, fragte Marja, die mit Arto von der Tanzfläche kam.

Beide hatten sie rote Gesichter und schwitzten. Matti zuckte die Schultern und deutete irgendwo in die Menge. Arto blieb einen Augenblick neben dem Schwager stehen.

»Das sind jetzt artigere Tänzchen als diejenigen, die du damals mit mir getrieben hast«, frotzelte er.

Matti reagierte nicht. Er wusste, Arto fühlte sich sicher hier, bei den vielen Leuten.

»In der Schule. Du weißt schon«, fügte Arto hinzu.

Als ob Matti nicht gewusst hätte, worauf er anspielte. Am liebsten hätte er dem anderen vor die Füße gespuckt. Aber das ging nicht im Gedränge. Immer wusste der Kerl die Situation auszunutzen. Matti spürte, wie die Wut in ihm hochstieg, und er machte ein paar Schritte seitwärts, wo er in eine andere Gruppe von Besuchern eintauchen konnte.

Verdammter Feigling!

Er ließ die Kippe zu Boden fallen und trampelte darauf herum, als müsste er ein Buschfeuer löschen.

»Matti, tanz mit mir!«, bat Märta.

Sie stand plötzlich wieder neben ihm. Er hatte sie gar nicht kommen sehen. Sie hatte Alkohol getrunken. Er merkte das gleich. Ihre Stimme nahm dann ein puppenhaftes Säuseln an, das ihm nicht behagte. Ganz und gar nicht. Am auffallendsten war ihre unerwartete Anhänglichkeit. Ein weiteres Glas und sie würde über die Buchstaben stolpern. Sie, die ja sonst nicht trank.

Aber jetzt war sie noch nicht so weit. Jetzt wollte sie einfach nur tanzen. Mit ihrem Ehemann. Das war doch wohl nicht zu viel verlangt bei einem Sommerfest.

Matti hatte es befürchtet. Er hielt nichts von diesen läppischen Turnübungen. Sagte er.

In dem Geschnatter ringsum hörte sie es nicht. Was sollte er tun? Er wusste genau, womit sie ihm sonst drohen würde: Dass sie an seiner Stelle irgendeinen anderen auffordern müsste. Oder nein, nicht irgendeinen: Dass sie Arto bitten würde. Und der, das wussten sie beide, würde ihr den Wunsch bestimmt nicht abschlagen. Der ganz sicher nicht, wenn er dem Schwager damit eins auswischen konnte.

Matti warf sich in die Brust. Sich nur keine Blöße geben jetzt! Er konnte das nämlich, tanzen. So gut wie jeder andere hier. Es lag ihm nur nichts daran. Nicht mehr. Wenn man jung war – aber irgendwann wirkten gewisse Dinge nur noch lächerlich. Doch wenn es denn sein musste … Er bahnte sich energisch den Weg frei und zog Märta hinter sich her auf die Tanzfläche. Da standen sie einander gegenüber, Matti entschlossen wie ein Stier vor dem Kampf, Märta beinahe erschrocken über Mattis Feldzug, ein paar Sekunden nur, dann setzte die Musik wieder ein. Matti fasste Märtas Hand, legte seine andere nahezu auf ihre Pobacke und schob mit seiner Ehefrau einen Tango über die Bretter, wie man ihn einem solchen Kerl kaum zugetraut hätte. Und Märta, die bald nicht mehr wusste, wo Himmel war, wo Erde, gluckste und gickste mit ihren zweiundfünfzig Jahren wie ein Backfisch auf dem Karussell.

Aus den Augenwinkeln sah Matti, dass Marja unter den Zuschauern stand und begeistert klatschte. Sie klatschte ihrer jung gebliebenen Schwester zu. Sie klatschte aber auch Arto zu, wie Matti zwischen zwei Drehungen feststellte, der mit einer anderen Frau tanzte. Es war Tiina vom Laden. Wer denn sonst? Und da applaudierte Marja noch!

Sie tanzten noch zwei weitere Stücke lang, dann hatte Matti genug und ließ Märta stehen, die nach der ersten Verwirrung ernüchtert und beschämt von der Tanzfläche schlich.

Endlich erschien die angekündigte Sängerin. Hannu hielt ihr den Türflügel der Kneipe auf, und sie schritt lächelnd die beiden Holzstufen der Vortreppe herunter, als bewege sie sich auf einem roten Teppich. Hannu bahnte ihr den Weg hinüber zur Bühne.

Die Frau war klein und rundlich. Matti sah nur Hannu, dessen Kopf aus der Menge ragte. Die Sängerin erblickte er erst wieder, als sie auf die Bühne stieg. Sie hatte schwarzes Haar, offensichtlich gefärbt, und war stark geschminkt. Wahrscheinlich war sie älter, als sie zugeben wollte. Sie trug einen engen Leopardenanzug, der wie eine zweite Haut ihre üppigen Formen noch betonte. Matti schluckte leer. Riitta Peltonen hieß sie. Er hatte den Namen auf den Anschlägen gelesen. Sie tingelte offenbar im ganzen Land herum. Einige der Anwesenden schienen sie zu kennen.

»Riitta! Riitta!«, skandierten sie.

Den Vorschussapplaus hielt Matti erst nach dem dritten oder vierten Stück für gerechtfertigt. Am Anfang hatte sich das Rauchige der Stimme noch nicht mit den Tönen vertragen, fand er. Um es mal so auszudrücken. Aber dann brachte sie die alten Lieder. *Darum bin ich so traurig* von Olavi Virta und *Kleines Herz* von Maire Valtonen. Und als sie schließlich *Kotkan ruusu* sang, *Die Rose von Kotka,* da klatschte auch er.

Riitta Peltonen sang eine gute Stunde. Dann gewann der Rauch in ihrer Stimme wieder die Oberhand. Sie schien erschöpft. Hannu führte sie zurück ins Haus. Ihre Begleiter machten Pause, tranken Bier und rauchten. Hannu erschien wieder und schaltete das Musikgerät ein. Nach und nach fanden sich einige Paare auf der Tanzfläche ein.

Die Dämmerung hatte sich über die Bäume gesenkt, die elektrischen Lampions waren eingeschaltet worden und zwischen Schweiß und Alkohol suchten die Mücken nach einem geeigneten Landeplatz.

Matti ging hinunter zum See, wo das alte Bootshaus stand, das zur Waldschenke gehörte. Die helle Rinde der Birken leuchtete aus dem Dunkel der Nadelbäume. Bald sah er die blauviolett schimmernde Wasserfläche zwischen den Stämmen.

Eine Weile stand er am Wasser. Die Sonne war bereits hinter den Wald auf der anderen Seite des Sees gesunken. Von unten griffen ihre Strahlen noch nach den Wolken, die sich in Schichten und Streifen im hohen Himmel verloren. Die Musik drang als fernes Geräusch zu ihm. Von weit draußen, wo ein paar karge Steinhaufen aus dem Wasser ragten, vernahm er den klagenden Schrei einer Möwe.

Noch etwas anderes hörte er. Es kam vom Bootshaus her. Dort kicherte und seufzte es. Dort flüsterten Stimmen. Eine helle, eine dunkle. Dort jammerte und stöhnte es.

Im ersten Augenblick wollte Matti seine Anwesenheit laut und unüberhörbar zu bemerken geben. Sollten die beiden nur einen rechten Schreck einfangen! Dann überlegte er es sich anders. Weiß der Teufel, was über ihn kam. Jedenfalls kehrte er um und schlich, unnötige Geräusche vermeidend, davon.

Auf halbem Weg hinauf zum Festplatz spürte er einen Regentropfen auf dem Gesicht. Als er aufblickte, gewahrte er eine dunkle Wolkenwand, die sich unbemerkt über den Wald auf den See zu bewegte. Ja, es waren Gewitter angesagt, doch erst für den folgenden Tag.

Rasch fielen dann schwerere Tropfen, dass es klatschte auf dem Boden. Der Wind rauschte plötzlich und heftig durch die Baumwipfel, und es wurde finster. Finster, wie es um diese Jahreszeit unüblich war, wo die Nächte nie ganz Nacht, sondern nur Dämmerung für einige Stunden waren.

Matti schritt kräftiger aus. Obwohl es nicht weit war bis zur Schenke, kam er dort bereits ziemlich durchnässt an. Der Festplatz war leer, der Regen trommelte einen zackigen Marsch auf die Tanzdielenbretter, und die Einzigen, die noch tanzten, waren die Lampions im Wind.

Unter dem Vordach beim Eingang drängten sich die Menschen. Wer Platz gefunden hatte, war bereits drinnen. Es wurde eng, verdammt eng, auch wenn das Blockbohlenhaus einen geräumigen Saal hatte. Alles war noch in Aufregung über den unerwarteten Wetterumschlag. Beim Eingang zur Küche wurde eine behelfsmäßige Getränkebar aufgebaut. Über die Lautsprecher lief schon Musik. Hannu ruderte hin und her, beruhigte, lachte, gab Anweisungen. Das Geschnatter übertönte den Regen, der aufs Dach prasselte. Bis zu dem Augenblick, als eine weibliche Stimme aufkreischte. Da wurde es plötzlich still. Da vernahm man plötzlich den Lärm auf dem Dach, den Donner, der krachte, und das Ächzen im Gebälk. Und jeder konnte das fingergroße Loch in der Decke sehen, durch das ungehindert Wasser heruntertropfte und eine Pfütze bildete auf dem Boden, wo nun gerade keiner mehr stehen wollte.

Alles rief nach Hannu, der schon bald aus der Küche auftauchte, in der einen Hand einen großen Eimer schwenkend, auf dem anderen Arm sein jüngstes Enkelkind wippend. Die Mutter streckte den Kopf aus der Küchentür und schien über die Entführung ihres Kleinen durch den Großvater nicht sehr erbaut zu sein. Hannu stellte den Eimer unter das Rinnsal, rief »Musik!«, obwohl die ja schon lief, und begann sich, das verwundert um sich blickende Kind auf dem Arm, im Rhythmus zu wiegen. Immer rundherum, um den Eimer, in den das Wasser von der Decke plätscherte und tropfte. Die Leute lachten und klatschten, und der ganze Saal geriet wieder in Bewegung. Nur ein paar ältere Frauen sorgten sich um das Kind, denn Hannu hatte bereits glasige Augen. Man wusste ja, dass die Freirunden, die er ausschenkte, eigentlich nur dazu dienten, dass er, wenn man so sagen wollte, legal mittrinken durfte.

Wasserpfützen, Bierlachen, die Fensterscheiben beschlagen von den menschlichen Ausdünstungen, und Hannu, der mit dem Enkelkind auf dem Arm auf dem Äquator um den volllaufenden Eimer tanzte, selbstvergessen und mit halb geschlossenen Augen, herum und herum. Es roch nach Wurst, nach billigem Alkohol, nach Schweiß und feuchter Kleidung und von den Toiletten herüber nach all dem, was offenbar nicht mehr richtig in die Schüsseln fand.

Matti stand in der Nähe der improvisierten Bar, mit dem Rücken zur Wand, an die mächtigen, alten Holzbohlen gelehnt. Sein Blick ging durch das laute Treiben hindurch, an Hannu vorbei und am wippenden Kopf des Kindes, bis zur gegenüberliegenden Wand, wo ein abgewetztes Bärenfell hing und ein ausgestopfter Birkhahn auf einem Sockel stand. Dass Matti nicht aufmerksam genug blieb, hatte fatale Folgen.

Arto! Wieder hatte er es geschafft, unbemerkt neben Matti aufzutauchen.

»Und wann beschert der flotte Olli seinem Vater endlich einen Enkel?«, fragte er grinsend und nickte mit dem Kopf in Richtung des tanzenden Derwischs mit seinem Kind.

Ein Ruck ging durch Mattis Körper. Als bebe die Erde unter seinen Füßen. Er drehte sich um. Langsam, wie der Held in einem Western. Sein Gesicht hatte sich verfärbt. Die Wut glühte förmlich aus ihm. Schwärzer als rot. Dann schlug er zu.

Der Schlag kostete Arto seine beiden neuen Schneidezähne, die ihm der Zahnarzt erst kürzlich eingesetzt hatte. Aber er fiel nicht hin, wie Matti erwartet hatte. Die Leute standen zu dicht und fingen den Torkelnden auf. Das stachelte Mattis Wut nur noch mehr an. Er stürzte sich auf den Widersacher und riss ihn zu Boden. Und nun wurde der Ring, der sich sofort um die beiden gebildet hatte, plötzlich weiter, es gab Platz, wo vorher absolut keiner gewesen war. Matti kniete auf Arto und drosch auf ihn ein. Arto wimmerte und spuckte Blut. Marja schrie und versuchte Matti von ihrem Mann wegzuzerren. Matti merkte es nicht einmal. Bis ihn eine harte Faust packte und auf die Beine stellte.

»Raus!«, sagte Hannu.

Da war nichts Glasiges mehr in seinen Augen. Und seine Stimme duldete keinen Widerspruch.

»Verschwindet! Alle beide!«

Kein Wort hatten sie seither miteinander gewechselt, die beiden Schwager. Während der letzten zwanzig Jahre war Arto ihm aus dem Weg gegangen. Auch wenn er hinter seinem Rücken Gift und Galle spuckte.

Matti ballte triumphierend die Faust. Da schoss der Schmerz von Neuem durch die frischen Schnittwunden. Der Alte presste die Zähne zusammen und musste für einen Moment die Augen schließen.

✶✶✶

Eines Tages sitzt der Fuchs am frühen Vormittag am Rand des Hofplatzes. Dort, wo der Fahrweg aus dem Wald kommt. Er sitzt dort, unbekümmert, neugierig. Und doch zeigt seine Haltung auch Langeweile. Eine Hochnäsigkeit, als wolle er sagen: »Glaube ja keiner, dass mich dieser abgetakelte Hof auch nur im Geringsten interessiert.« Fehlt nur noch, dass er seine Krallen an den Vorderpfoten inspiziert, als müsse er ihre Schärfe überprüfen. Als gebe es im Augenblick nichts Besseres zu tun.

Es ist dieses Aufreizende, das er zur Schau stellt, womit er den Mann zur Weißglut bringt. Der Fuchs ist sein persönlicher Feind. Und wenn er auch weiß, dass es nicht so sein kann, glaubt er doch, der Fuchs gebe ihn absichtlich der Lächerlichkeit preis, stelle ihm eine Falle, führe ihn an der Nase herum. Ihn, den unfehlbaren Jäger!

»Hühner?«, lispelt der Fuchs. »Interessieren mich nicht.«

Sogar seine Stimme versucht er zu adeln, indem er immer so leise spricht, dass man ihn kaum versteht. Abgefeimter Schurke! Er holt die Hühner nicht, weil er Hunger hat, weil er Nahrung braucht. Er holt sie nur, um den Bauern zu ärgern.

Der Mann hat das Gewehr hochgerissen und ballert wie von Sinnen um sich. Auf den Fuchs, den er hinter jedem Baum vermutet, seit er nicht mehr auf dem Fahrweg sitzt. Auf die Bäume, die dem Dieb Schutz bieten, auf die Sträucher, die seine fliehende Silhouette vortäuschen. Auf die geringste Bewegung, die er irgendwo auszumachen meint.

»Was um Himmels willen hat er wieder?«, schrickt die Frau auf, drinnen in der Küche.

Am helllichten Tag! Ist er von allen guten Geistern verlassen? Zwei, drei Schüsse. Bei fünf hört sie auf zu zählen.

Plötzlich tritt Stille ein. Sie hört, dass der Hund draußen vor der Tür winselt. Die Frau öffnet die Tür einen Spalt, damit er hineinkann. Den Schwanz zwischen den Hinterbeinen, verzieht er sich unter den Tisch, während der Mann offenbar inzwischen das Gewehr nachgeladen hat, denn nun geht die Knallerei wieder los.

Die Frau bleibt im Haus, bis es draußen ruhig ist. Bis sie hört, wie die Axt regelmäßig und wütend auf die Brennholzkloben niederfährt. Sie hat nur einmal versucht, ihren Mann zur Vernunft zu bringen. Sie verscheucht die Gedanken daran.

Später geht sie zum Hühnerhaus. Der aufgescharrte Hof mit den wuchernden Brennnesseln ist leer. Die Hühner sitzen drinnen auf der Stange, dicht an dicht, als sei es finstere Nacht.

Märta

Nach dem Telefongespräch mit der Polizei musste Märta sich hinlegen. Die Beine. Sie wollten ihr den Dienst verweigern. Marja stützte die Schwester und führte sie in das kleine Gästezimmer hinter der Küche. Zu Hause hätte es Märta nie über die Treppe hinauf ins Schlafzimmer geschafft. Es war doch viel praktischer, wenn ein Haus nur eingeschossig war. Vor allem, wenn man älter wurde. Aber das ging ihr erst später durch den Kopf, nachdem sie sich ein wenig beruhigt hatte.

Jetzt kaute sie an diesen Worten herum, *zu Hause,* die plötzlich keinen Gegenwert mehr besaßen, nichts worauf sie noch zutrafen. Sieben böse Buchstaben, an denen ein hämisches Lachen hing.

Als Märta auf dem Bett lag, breitete Marja eine Strickdecke über ihre unruhigen Beine, zog die Gardinen zu und ging aus dem Zimmer.

Vor Märtas Augen tanzten die kringelförmigen Muster auf der Tapete. Im Dämmerlicht sah es aus, als wären sie lebendig. Zu Hause – das Wort blieb allgegenwärtig – gab es nur noch ausgebleichte Linien an den Wänden. An vielen Stellen hatte sich die Wandverkleidung gelöst, und Matti hatte die losen Teile einfach weggerissen, sodass dort jetzt das blanke Holz zum Vorschein kam.

Märtas Augen brannten. Sie waren trocken und empfindlich. Wenn man mit den Fingern darin rieb, wurde es nur noch schlimmer. Endlich fielen sie ihr zu. Bald begannen ihre Hände und ihre Beine zu zucken. Sie merkte nichts mehr davon. Sie träumte.

Von ihrer Heirat träumte Märta. Von Mattis und ihrer Hochzeitsfeier. Seit Jahren folgte ihr dieses Ereignis in unregelmäßigen Abständen durch Nacht und Traum.

Der Tag war strahlender gewesen als das Hochzeitspaar. Das war nicht allein Märtas Schuld. Auch das glänzendweiße Brautkleid hatte daran nichts zu ändern vermocht. Und Matti im Anzug und mit Krawatte – nicht umsonst hatte er später in einem seiner Wutanfälle die meisten Fotos von der Feier verbrannt.

Die Größe der Hochzeitsgesellschaft war bescheiden gewesen. Matti hatte nur wenige Kollegen, und Märtas Freundinnen gingen ihm lieber aus dem Weg. Dass sich Märta, allen ihren Warnungen zum Trotz, für diesen rohen Schläger entschieden hatte, konnten sie nicht verstehen.

Ihre Eltern und Mattis Vater und Mutter waren zugegen gewesen. Mattis Vater bereits gebrechlich und von der Krankheit gezeichnet. Dann Marja und Arto. Und Juha, Mattis Bruder. Ihre Patin Annikki, eine Schwester der Mutter, war mit ihrem Mann gekommen, während Mattis Paten die Einladung ausgeschlagen hatten. Mit den Nachbarn und Freunden zählten sie etwa zwanzig Personen. Mehr hätten in der kleinen Dorfkirche auch gar nicht Platz gefunden.

Das Antlitz von Märtas Vater war wie versteinert, als er seine Tochter durch das Kirchenschiff nach vorn führte, wo der Pastor und der Bräutigam warteten. Diesem ungehobelten Kerl seine Tochter überlassen zu müssen! Märta wagte nicht, den Kopf nach ihm zu wenden. Starr blickte sie geradeaus, an Pastor und Bräutigam vorbei, durch das Weiß und das Blau der hohen Fenster, hinter denen die Frühsommersonne leuchtete.

Märta war froh, ihr Gesicht hinter dem Schleier verbergen zu können. Obwohl es nur wenige Meter waren vom Eingangsportal bis zu den Stufen vor dem Altar, kam ihr der Gang zwischen den Kirchenbänken endlos vor. Sie spürte, wie sich alle Augen auf sie richteten, und es war, als seien die neugierigen Blicke klebrige Hände, die über ihr Brautkleid tasteten. Während sie noch ewig weitergegangen wäre, über die Stufen, am Altar vorbei, in den kleinen Chor, durch die Wände, durch das Glas, hinaus in die Freiheit des Frühsommertags, blieb ihr Vater plötzlich stehen und legte ihre Hand in Mattis Hand, eine Pranke, die hart umschloss, was ihr von nun an gehören sollte. Bevor der Vater sich zurückzog, auf die Kirchenbank neben die Mutter, zischte er Matti etwas zu, so leise, dass nicht einmal der Pastor es verstehen konnte. Matti aber lachte ihm nur ins Gesicht, als hätte er eben einen kapitalen Witz gehört.

Von all dem, was der Geistliche sprach, bekam Märta nicht viel mit. Und als sie ihr Jawort bekräftigen sollte, musste ihr Matti einen Stoß versetzen. Als er ihr den Ring überstreifte, mit einem kräftigen Ruck, verzog sie schmerzvoll das Gesicht. Der Pastor, der es sehr wohl gesehen hatte, hob missbilligend die Brauen.

Die kleine Orgel setzte wieder ein, und das Brautpaar schritt zu ihrem erbärmlichen Klang hinaus in die Sonne, wo Matti die Gratulanten abwimmelte, weil er jetzt unbedingt rauchen musste. Er war nicht der Einzige. Die anderen standen um die Braut herum, man machte Fotos, und es dauerte seine Zeit, bis auch Matti und die übrigen Raucher sich inmitten der Hochzeitsgesellschaft ablichten ließen.

In einem alten himmelblauen Cadillac, den Matti organisiert hatte, fuhren sie nach Padasjoki, die Gäste in ihren eigenen Wagen hinterher. Unten am Hafen gab es damals noch das Restaurant Koivu, direkt am See. Märtas Vater kannte den Wirt.

Im Speisesaal stand ein langer Tisch, festlich gedeckt. Man setzte sich. Die ersten Trinksprüche wurden ausgegeben. Gläser und Flaschen waren leer, bevor das Essen kam. Die Männer zogen Kittel und Krawatten aus und krempelten die Hemdärmel hoch. Es war laut im Lokal, und die Luft war bald stickig von Rauch und Schweiß.

Endlich wurden die Speiseplatten aufgetragen. Märta erschrak bei ihrem Anblick. Wer hatte denn Aal bestellt? Ganze Fische lagen auf den Platten und hingen über die Ränder hinaus, dunkel geräuchert, lang und armdick, als wären es Schlangen. Und als die Fischleiber sich zu winden begannen und schmierige Spuren hinterlassend sich über das weiße Tischtuch auf die Gäste zubewegten, wurde Märta von einer plötzlichen Übelkeit befallen. Sie schob den Stuhl so rasch zurück, dass er kippte, raffte ihr Kleid und eilte in die Damentoilette. Als sie bleich und zitternd wieder aus der Kabine trat, stand Matti da, fasste sie um die Hüften und wollte ihr unter den Rock greifen. Sein Gesicht glich dem spitzen Maul eines Aals. Märta schrie auf.

Sie wusste nicht, ob sie tatsächlich geschrien hatte. Es war jetzt dämmrig im Zimmer, und Märta hatte immer noch Mattis Lachen in den Ohren, sein kollerndes Lachen, das sich früher stets wie ein Wasserfall über seine Umgebung ergossen hatte.

Nein, Aal hatte es keinen gegeben. Fisch und Fleisch, Kartoffeln, etwas Gemüse, zum Nachtisch Erdbeeren mit Eis. Das Essen war recht gewesen, die Bedienung ebenfalls, niemand musste hungrig vom Tisch. Später spielten drei nicht mehr ganz junge Männer zum Tanz auf. Da hatte der Alkohol die Stimmung und die Knie bereits etwas aufgeweicht. Und das Tanzen fühlte sich an, als glitte man mit Schlittschuhen über eine blanke Eisfläche. Die Reden wurden lauter, und je lauter sie wurden, desto unverständlicher kamen sie daher. Mattis Bruder Juha faselte etwas von Linken, die in Paris auf die Barrikaden gingen, statt sich ihrem Studium zu widmen. Von der älteren Generation erhielt er klatschenden Beifall. Man trank auf die starke Jugend im eigenen Land. Man trank und trank, und Märta fürchtete, es würde auch an ihrer Hochzeit ausgehen wie immer und mit den Fäusten enden. Aber auch die Lautesten wurden mit der Zeit immer leiser, hingen in den Stühlen und wussten hinterher kaum mehr zu sagen, wie sie nach Hause gekommen waren.

Das Restaurant gab es nicht mehr. Nachdem der Wirt in den Neunzigerjahren gestorben war, fand sich niemand, der bereit war, mehr in das sanierungsbedürftige Gebäude zu investieren, als er kurzfristig erwirtschaften konnte. Sie waren noch zwei-, dreimal anlässlich einer Familienfeier dort gewesen. Ihr Vater hatte seinem Freund die Treue gehalten, wenn es ein festliches Essen zu organisieren gab.

Zur Kirche gegangen waren sie nur noch für Taufe und Trauerfeiern. Matti hielt nichts von diesem geheuchelten Brimborium.

»Pfaffen!«, schimpfte er. »Staatlich geschützte Blutsauger!«

Er wusste genau, dass die Frau, die er geheiratet hatte, empfänglich war für das süße Himmelsgelaber. Er hielt es für seine Pflicht, sie vor diesem Irrweg zu bewahren. Sagte er. Aber eigentlich war es etwas anderes: Er duldete keine andere Meinung. In seinem eigenen Haus galt nur die seine. Als er Märta dabei ertappte, dass sie sein Verbot unterlief, sperrte er sie einen ganzen Sonntag lang im Holzschopf ein. Märta erinnerte sich genau, wie sie mit den Fäusten gegen die rauen Fichtenwände getrommelt hatte, nachdem alles Bitten und Flehen erfolglos geblieben war. Die Haut hatte sie sich aufgeschürft, weil sie das Kind hören konnte auf dem Hof, den kleinen Olli, wie er weinte, weil der Vater so böse war zur Mutter und ihn nicht zu ihr ließ. Immerhin hatte Matti ihr nach Stunden einen Krug mit Wasser und etwas Brot gebracht. Genauso, wie man sich den Vorgang im richtigen Gefängnis vorstellte.

»Du wirst diesen Mann nicht heiraten!«, hatte ihr Vater gesagt.

Er hatte es in einem Ton gesagt, der keinen Widerspruch zuließ. Und Märta hatte bisher immer gehorcht. Sie war ein Sorgenkind, aber sie gehorchte. Bis auf dieses eine Mal. Sie ließ sich Matti nicht ausreden. Um keinen Preis. Dass der Vater sie deswegen verstoßen würde, glaubte sie nicht. Anderenfalls würde die Mutter ihn zu besänftigen wissen. Immerhin war Matti ein kraftstrotzender, junger Mann, mit starken Händen und blanken Augen. Und er würde einen kleinen Hof erben. Mit ihm zusammen brauchte sie sich vor nichts und niemand mehr zu fürchten. Außer vor ihm selber. Ja, das hatte sie zu wenig bedacht damals. Das hatte sie verdrängt. Matti würde älter werden, er würde das aufbrausende Blut mit den Jahren verlieren. Das glaubte sie damals, das wollte sie glauben. Daran hatte sie sich gehalten.

Märta setzte sich auf, schob die Decke weg und hievte die Beine über den Bettrand hinaus. Was hatte ihr Vater Matti ins Ohr gezischt, als er ihm in der Kirche seine Tochter anvertraut hatte?

»Hüte dich, dass ihr etwas geschieht – sonst mache ich sie zur Witwe!«

Sie konnte sich nicht vorstellen, dass ihr Vater so gesprochen hatte. Aber Matti beteuerte es immer wieder, mit höhnischem Grinsen jeweils.

»Dein Alter!«, seufzte er und schlug sich vor den Kopf.

Sie hatte Matti geheiratet. Gegen den Willen des Vaters. Gegen jegliche Vernunft, wie es schien. Aus Trotz, wurde gesagt. Märta wusste es besser. Sie hatte nicht die Wahl gehabt. Nur sie wusste es: Sie war schwanger gewesen.

Henrik

Später fragte sich Henrik, warum er eigentlich nicht einfach das Blaulicht eingeschaltet hatte und bei Rot losgefahren war. Da war er schon auf der langen Geraden zwischen Torittu und Korkee. Ein unverzeihlicher Fehler, der sich auch damit nicht entschuldigen ließ, dass seine ordentliche Dienstzeit für diesen Tag beendet war. Dann konnte es nur einer inneren Abwehr zugeschrieben werden: Er wollte gar nicht dorthin, auf den Nieminen-Hof! Er wollte mit dem, was er sich vorstellte, nichts zu tun haben. Wie es dort aussah, was er vorfinden würde. Nach Hause wollte er, zu Annika, zu den Kindern. Er wollte endlich die Uniform ausziehen, sich unter die Dusche stellen, vor dem Fernseher ein Bier trinken. Die Gesichter der Kinder wollte er sehen, Katis und Mikaels lachende Augen, wenn er die Tüten mit den Gummitieren hinter seinem Rücken hervorholte. Und wenn die Kinder im Bett wären, wollte er mit Annika noch eine Weile auf der hölzernen Terrasse sitzen, die er im vergangenen Jahr neu erbaut hatte. Auf Annikas Stimme wollte er hören, die von den kleinen und großen Dingen des Tages erzählte, und auf die klagenden Schreie der Möwen draußen auf der dunkler werdenden Wasserfläche. War das etwa zu viel verlangt?

Vielleicht war es nur die Schotterpiste der Baustelle, die seine Gedanken durcheinandergerüttelt hatte. Die Vibration des Wagens übertrug sich auf den Fahrer. Nein, es war besser, dass er nicht einfach losgefahren war. Auch das Blaulicht hätte nichts gebracht, wenn er auf Gegenverkehr gestoßen wäre, denn es gab nirgends eine Ausweichmöglichkeit. Steine spritzten von den Reifen hoch und schlugen an die Unterseite der Karosserie. Es war unmöglich, mit höherer Geschwindigkeit zu fahren. Henrik schaltete die Scheibenwischer ein, aber die Wischblätter verschmierten den Staub auf der Frontscheibe nur, statt ihn zu entfernen. Er fluchte. Alle Teufel fluchte er. Auf Schwedisch. Das ging ihm in solchen Augenblicken immer noch leichter von der Zunge. Das lag ihm im Blut. Er tat es nur, wenn ihn keiner hören konnte.

Kati und Mikael waren nicht seine Kinder. Annika hatte sie mit in die Ehe gebracht. Spätestens, als Janna von diesem anderen schwanger geworden war, war klar, dass er selber zeugungsunfähig sein musste. Vielleicht war das auch besser so. Vielleicht konnte er so ein unverkrampfteres Verhältnis zu den beiden Kindern aufbauen, als wenn sie seine eigenen gewesen wären.

Natürlich hatten die Kinder einen leiblichen Vater. Einen Banker, gut aussehend und eloquent, der sich im Eiltempo in die Chefetage emporgehangelt hatte. Für seine Karriere war die Familie ein Hemmschuh gewesen. Kurz nach Mikaels Geburt zog er aus und in das Apartment einer smarten, kinderlosen Businessfrau ein. Nein, nicht bei der Sekretärin. Damit hätte er sich nicht abgegeben. Dafür war er sich zu gut.

Kein absichtlich fieser Kerl, so schätzte ihn Henrik ein. Aber einfach nicht familienverträglich. Die paar Male, da er den Mann gesehen hatte, wenn dieser die Kinder für ein Wochenende abholte, ergaben sich stets unverbindliche, aber durchaus gute Gespräche.

»Was weißt du schon!«, hatte Annika wütend gesagt, als er ihr sein Bild ihres Ex skizzierte. »Er hat die verdammte Fähigkeit, sich stets ins beste Licht zu rücken! Glaubhaft. Die Umstände sind das Problem, ausnahmslos die Umstände. Nie er selbst.«

Es geschah selten, dass Annika wirklich aufgebracht war. Aber dann genügte dieser eine Name: Erik Westlund.

Der Kinder wegen hatte sie ihr Wirtschaftsstudium abgebrochen. Seither arbeitete sie als Aushilfe im Laden. Dort hatte Henrik sie kennengelernt. Er wohnte damals noch in Asikkala, in der Nähe von Lahti, wohin er nach der Trennung von Janna gezogen war. Der Laden in Kuhmoinen lag nicht gerade auf seinem Arbeitsweg, und er kam nur ab und zu vorbei. Päivi, die schon länger dort angestellt war, fiel es zuerst auf, dass der Polizist plötzlich häufiger im Laden auftauchte.

»Ich habe bisher nirgends gelesen, dass Kuhmoinen in der Kriminalstatistik neuerdings vermehrt Erwähnung findet«, spottete sie, als Henrik an der Nachbarkasse bezahlte.

Henrik blickte Annika an, die darauf wartete, dass er den Nummerncode in den Kartenleser eintippte. Beinahe wäre er errötet, ertappt wie ein Schuljunge. Dann hatte er sich wieder gefangen.

»Keine Angst«, sagte er, sich zu Päivi wendend, »es handelt sich lediglich um veränderte Gewohnheiten des Konsumenten.«

»Wie langweilig«, seufzte Päivi.

Henrik packte seine Einkäufe in eine Plastiktüte und nickte Annika zu. Verdammt, er konnte sie ja nicht vor allen Anwesenden fragen, ob er sie mal ins Kino einladen dürfe. Was aber sollte er sonst tun? Da war er doch als Teenager nicht so fantasielos gewesen.

Schließlich steckte er ihr ein Knöllchen, einen Strafzettel, unter den Scheibenwischer ihres Wagens. Eine Verzweiflungstat. Anders konnte man das nicht bezeichnen. Nicht auszudenken, wenn es seinen Vorgesetzten zu Ohren kommen sollte. Er hatte eine schlaflose Nacht.

Als er zwei Tage später wieder im Laden stand, blickte Annika ihn mit gehobenen Brauen an.

»Was habe ich mir zuschulden kommen lassen?«

Henrik beugte sich ein wenig vor, damit sonst keiner hörte, was er sagte.

»Überwältigende Ausstrahlung.«

Annika schob Brot, Milch, Käse, Gurken und Schokolade über den Laserstrahl des Kassenportals. Henrik wusste nicht, ob sie ihn verstanden hatte. Mein Gott, was hätte er denn noch Peinlicheres faseln können? Aber dann sah er, dass ein kaum wahrnehmbares Lächeln um ihre Mundwinkel spielte.

»Gibt es eine Möglichkeit, die Buße in gemeinnützige Arbeit umzuwandeln?«, fragte sie. »Ich bin eine mittellose, alleinerziehende Mutter.«

»Gewiss«, beeilte sich Henrik zu sagen. »Das Angebot gilt.«

»In diesem Fall habe ich wohl nicht die Wahl«, meinte Annika.

»Über die Details lässt sich diskutieren«, gab er sich großzügig.

»Dann warte ich auf das offizielle Aufgebot«, sagte sie, reichte ihm die Kassenquittung und wendete sich dem nächsten Kunden zu.

Die Audienz – oder wie sollte man es sonst bezeichnen – war beendet, und Henrik fand sich auf dem Parkplatz wieder.

Er hatte Annika zum vereinbarten Termin abgeholt. Sie waren nach Lahti gefahren, in die Stadt, hatten etwas Kleines gegessen und dann einen französischen Film angesehen. Henrik hatte sich zuvor darüber informiert, dass es nicht einfach ein banaler Liebesfilm sein würde. Wenn Audrey Tautou mitspielte, mussten Tiefgang, Liebe und Kitsch in einem schrägen

Gleichgewicht ausbalanciert sein, hoffte er. Ein Film zum Weinen und zum Lachen. Annika tat beides. Er nahm es aus den Augenwinkeln wahr.

Später saßen sie zusammen am Ufer des Vesijärvi und tasteten sich vorsichtig in ihrer beider Geschichten vor. Nichts geschah. Sie redeten nur. Um halb elf schaute Annika auf die Uhr. Ihre Mutter hütete die Kinder. Sie hatte darum gebeten, dass es nicht zu spät werden sollte.

Als Henrik ihr vor der Haustür einen Kuss geben wollte, nur einen Wangenkuss, wehrte sie ihn lächelnd ab.

»Es ist besser, du gehst jetzt«, sagte sie. »Meine Mutter ...«

»Sie weiß doch, wer ich bin«, sagte Henrik.

»Eben – sie könnte erschrecken, wenn die Polizei nachts vor der Tür steht.«

Henrik hatte nicht gewusst, ob er den Laden künftig meiden sollte. Der Abend hatte irgendwie ein peinliches Ende genommen. Er ließ ein paar Tage verstreichen, bevor er wieder hinging.

Aus Päivis Augen blitzte der Spott.

»Pech gehabt?«

»Oh, weißt du«, sagte Henrik, »vielleicht war es doch nicht richtig.«

»Wer gleich mit der Tür ins Haus fällt ...«

»Da liegst du nun aber wirklich falsch«, wehrte Henrik ab.

»So genau will ich's gar nicht wissen«, stoppte ihn Päivi und zog einen kleinen Umschlag neben der Kasse hervor.

»Hier, das soll ich dir von ihr geben. Sie ist nicht da heute. Eins der Kinder ist krank.«

Im Wagen wog er den hellblauen Umschlag in der Hand. Dann legte er ihn auf den Beifahrersitz und zündete sich eine

Zigarette an. Er konnte sich nicht dazu entschließen, den Umschlag zu öffnen. Er blies den Rauch aus dem offenen Wagenfenster und trommelte mit der freien Hand auf das Lenkrad. Schließlich startete er den Motor und fuhr zwischen den geparkten Wagen hinaus auf die Zufahrtstraße. Bevor er in die Hauptstraße einbog, warf er den glühenden Stummel aus dem Fenster.

Er schaltete das Radio ein. Nach ein paar Minuten hatte er die Überlandstraße erreicht und erhöhte die Geschwindigkeit. Mit der rechten Hand tastete er nach dem Umschlag. Vielleicht wäre es das Beste, ihn auch gleich aus dem Fenster zu werfen. Er kannte den Inhalt doch.

Die Musik aus dem Radio nervte ihn. Immer diese *Leningrad Cowboys.* Er wechselte den Sender. Tanzmusik. Na ja.

Beim nächsten Parkplatz hielt er an und stieg aus. Er ging die paar Schritte hinunter zum Wasser, das hier in einer Bucht bis fast zur Straße heranreichte und setzte sich auf einen der großen Steine. Der Brief knisterte in seiner Hand. Schließlich hielt er es nicht mehr aus.

Sei kein Dummkopf, schalt er sich und riss den Umschlag endlich auf.

Wir wollen es behutsam angehen, hatte sie geschrieben. *Das Pflänzchen ist noch zart. Lass uns Zeit.*

Immer wieder drückte Henrik auf den Auslöser der Scheibenwaschanlage, bis er endlich einigermaßen Sicht auf die Straße hatte. Dann war der Bauabschnitt zu Ende, die Räder prallten auf die Kante, wo der Asphalt wieder begann, und nach dem Lärm der Schotterpiste war es plötzlich fast still im Wagen.

Märta

»Du wirst diesen Mann nicht heiraten!«, hatte ihr Vater gesagt.

Zweimal hatte er es gesagt, im Abstand von einem knappen Jahr. Beim ersten Mal hatte sie noch gehorcht. Aber es war falsch gewesen: Dass sie zuerst gehorcht hatte, statt aufzubegehren. Und dass sie sich beim zweiten Mal geweigert hatte, statt nachzugeben.

Märta saß auf dem Bett und ließ die Füße baumeln. Wie als kleines Mädchen. Als man einfach auf einem Mäuerchen sitzen und die Füße baumeln lassen konnte. Auf einem Mäuerchen, einem Treppengeländer oder einem Baumstamm. Als das Leben nur aus dem bestand, was einen gerade aus nächster Nähe umschloss. Als es weder Zukunft noch Vergangenheit gab. Nur Gegenwart. Und man sich aufgehoben fühlte darin. Sie hätte viel darum gegeben, sich noch einmal in diesen Zustand versetzen zu können.

Aber das Leben war nicht so. Das Leben, das richtige, nicht das in ihrem Kopf, hatte ihr Pekka genommen und durch Matti ersetzt. Pekka ist ein Irrtum, hatte das Leben gesagt und ihn aus dem Spiel genommen. An seiner Stelle war Matti aufs Feld geschickt worden. Erster Ersatz. Aber kann man einen Menschen einfach ersetzen? Wie eine Schachfigur war Pekka vom Brett gefegt worden. Ein Bauernopfer. Märta kannte das Spiel. Von ihrem Vater. Er war der schwarze König gewesen. Er hatte die Macht gehabt, Untertanen zu opfern. Erst als er tot war, hatte sie versucht, ihm zu verzeihen, sein Handeln zu verstehen. Hatte er nicht alles daran gesetzt, seine Tochter zu schützen? Aus seiner Sicht konnte Pekka nur ein hinterhältiger Halunke gewesen sein, mehr nicht.

Sie kannte beide, Pekka und Matti, bereits aus der Schule. Pekka war mit seiner Mutter aus Helsinki hergezogen. Er blieb immer der Zugezogene. Es war schwierig für ihn, sich unter den Einheimischen zu behaupten. Er schien keinen Vater zu haben. Zumindest keinen sichtbaren. Gerüchte waren im Umlauf, sein Vater habe eine Firma in den Konkurs geritten. Er säße im Gefängnis, sagten die einen. Die anderen, er sei ins Ausland geflüchtet. Pekka schwieg zu allem. Man hätte ihm sowieso nicht geglaubt. Nur dass seine Mutter in der Gegend aufgewachsen war, bestätigte er. Aber das war nichts, was die anderen nicht auch gewusst hätten.

Pekka hatte dunkles Haar und er hatte noch dunklere Augen. Er konnte nicht von hier sein. Nein, das konnte er nicht. Das war ausgeschlossen. Vielleicht war sein Vater aus Lappland gekommen? Wahrscheinlicher war, dass er aus dem Süden stammte, aus Italien oder Spanien.

»Er hat etwas Verschlagenes in den Augen«, sagten Olavi und Erkki, die Rädelsführer in der Klasse.

»Er sieht aus, als habe ihn jemand auf dem Bratrost vergessen«, spotteten sie.

Keines der Mädchen getraute sich laut zu sagen, eigentlich sehe er doch gut aus. Sehr gut sogar. Um einiges besser als all die eingeborenen Bleichgesichter. Nein, keine sagte etwas. Sie taten sich schwer genug damit, dass Pekka nur Augen für Märta hatte.

Märta hatte es zu Anfang nicht einmal bemerkt. Später fühlte sie sich geschmeichelt. Und als Matti seine Konkurrenz anmeldete und sein Vorrecht als Einheimischer geltend zu machen versuchte, durfte sich Pekka den ersten Kuss von Märtas fest verschlossenen Lippen stehlen. Da war das Ende der Schulzeit schon bedenklich nahe. Der Schulschluss kam, die Abschiedsfeier, dann wurde die Klasse auseinandergerissen und jeder hinausgeworfen, an seinen künftigen Platz, den er im Leben einnehmen sollte. Märta machte eine Lehre als Verkäuferin in Kuhmoinen. Matti ging in das Baugeschäft, in dem schon sein Bruder arbeitete. Pekka zog nach Tampere, um eine Banklehre zu beginnen.

Und Märta hatte zu Hause immer noch nichts erwähnt von diesem Kuss.

Sie war damals keine Schönheit gewesen. Das hatte Märta immer gewusst. Aber sie war hübsch genug gewesen, um mehr als einem den Kopf zu verdrehen. Ihre Füße wurden ganz zappelig bei dem Gedanken, und der Anflug eines Lächelns strich über ihr Gesicht. Sie hätte es ausnützen können. Sie hätte den einen gegen den anderen ausspielen können. Ja, das hätte sie. Tatsächlich. Aber wozu auch? Es gab ja Pekka. Etwas Besseres konnte ihr nicht begegnen. Sie kam gar nicht in Versuchung, mit dem Feuer zu spielen. Sie kam gar nicht auf den Gedanken. Erst jetzt, mit über siebzig, hier auf der Bettkante in Marjas Gästezimmer, dachte sie so dummes Zeug. Sie blickte hinab auf ihre zappelnden Füße und schüttelte den Kopf.

Nach Tampere, das waren immerhin fast achtzig Kilometer. Pekka kam nur am Wochenende nach Hause. Unter der Woche hatte er ein winziges Zimmer in der Vorstadt. Es gab keine Möglichkeit, ihn dort zu besuchen. Wie hätte sie ihr Reisevorhaben denn begründen sollen? Und auch am Samstag oder am Sonntag, wenn er da war und nur noch drei Kilometer zwischen ihnen lagen, auch dann konnte sie nicht einfach hingehen zu ihm. Dass er bei ihr zu Hause auftauchte, anklopfte oder auch nur anrief, war ganz ausgeschlossen. Märtas Vater hätte ihm eiskalt die Tür gewiesen. Keine Fremden waren erwünscht in diesem Haus. Stets mussten sie sich nach allen Seiten absichern, Witterung aufnehmen wie das Wild, bevor es auf die Lichtung tritt, damit niemand Verdacht schöpfen und ihre heimlichen Treffen dem Vater hinterbringen konnte.

Liebe war für Märta mit Sehnsucht, mit Vorsicht, mit Gefahr verbunden. Pekka war ihr dunkles Zentrum. Sie machte ihre Arbeit, man war zufrieden mit ihr im Lehrbetrieb und in der Schule. Daneben aber verzehrte sie sich nach ihrer Liebe, von der sie nur im Verborgenen kleine Häppchen naschen durfte.

Solange sie sich sicher war, dass es Pekka ebenso erging, gelang es ihr, auch Kraft aus der schwierigen Verbindung zu schöpfen. Sie hatte etwas, was die anderen nicht hatten, ja nicht einmal wussten, dass es so etwas geben konnte. Aber je länger die Stadt ihren Einfluss auf Pekka ausüben konnte, desto häufiger erschrak Märta über die seltsamen Ansichten, die er mit nach Hause brachte.

»Aber wie siehst du denn aus!«, lachte er und löste ihre Haarzöpfe, bevor sie etwas dagegen tun konnte.

»Lass das!«, wehrte sie sich.

»Das ist doch altmodisch!«, sagte er. »Junge Frauen wie du tragen ihr Haar jetzt kurz.«

Er packte mit der einen Hand ihre langen Strähnen und machte mit der anderen das Schnipseln einer Schere nach.

»Hör auf!«

»Hör auf!«, äffte er sie nach. »Du solltest mal mit in die Stadt kommen. Du würdest staunen. Da läuft was ab, das kannst du mir glauben. Nicht wie hier, in dieser tristen Einöde.«

Oh, er benutzte schon ganz andere Wörter. *Trist.*

»Trist?«, fragte sie.

»Trübselig, langweilig«, antwortete er gereizt.

»Langweile ich dich?«, fragte Märta leise.

»Wo denkst du hin!«, beeilte Pekka sich zu sagen. »Nur – in der Stadt, da würde uns auch keiner kennen, weißt du. Ich habe dieses ständige Versteckspiel so satt!«

»Ach Pekka«, seufzte Märta, »es ist so schwierig. Wie soll ich von zu Hause wegkommen? Und noch dazu nach Tampere?«

»Sag einfach, eine Freundin hat dich eingeladen. Hast du keine Freundin, die weggezogen ist? Jemand, den deine Eltern kannten. Und doch nicht so gut kennen, dass sie dir nachspüren können?«

Märta schüttelte den Kopf.

»Dann erfinden wir dir eben eine«, sagte Pekka.

»Das ist unmöglich«, setzte Märta ihm entgegen.

»Liebst du mich?«, fragte Pekka, und seine Augen waren so nah und so dunkel, dass sie alles Licht ringsum zu verschlucken schienen.

Märta ließ den Kopf sinken und schniefte.

»Was soll ich denn tun?«

»Dich endlich für mich entscheiden. Nur für mich!«

Märtas Schultern zuckten. Als Pekka seine Hände darauf legte, erschrak sie.

»Liebes«, sagte er, und seine Augen hatten ihren bösen Glanz verloren.

Dann erinnerte sich Märta.

»Warte«, sagte sie und wischte sich die Tränen aus dem Gesicht. »Arja – doch: Arja, das könnte passen.«

Arja war weggezogen, die hatte sie flüchtig gekannt. Und soweit sie wusste, gab es in ihrem Bekanntenkreis niemanden, der über den Verbleib des Mädchens Genaueres hätte berichten können.

»Das sollte passen«, meinte Pekka, nachdem sie sich die Geschichte von Arja und ihrer Einladung nach Tampere in allen Einzelheiten zurechtgelegt hatten.

»Wenn einer keinen Vater hat, dann stimmt etwas nicht mit ihm«, sagte Märtas Vater.

»Was kann er denn dafür?«, begehrte Märta auf.

»Nichts«, sagte der Vater. »Aber es bleibt trotzdem etwas an ihm hängen. Schließlich ist er vom gleichen Fleisch und Blut.«

»Pekka ist anders«, sagte Märta.

»Genau: Er ist anders als wir.«

»Wir sind auch nicht wie die Toivanens. Oder die Suominens.«

»Das ist nicht dasselbe«, sagte der Vater. »Die haben keinen in der Familie, der Frau und Kind im Stich gelassen hat.«

»Pekka sagt, sein Vater sah keinen Ausweg.«

»Sagt Pekka? So? Woher will er es denn wissen?«

»Von seiner Mutter.«

»Ach, die Frauen«, seufzte der Vater. »Denen kann man alles erzählen.«

»Vielleicht will sie sich auch nur schützen«, unterbrach die Mutter ihr bisheriges Schweigen.

»Alles Spekulationen«, sagte der Vater. »Schluss jetzt – dieser Pekka ist kein Umgang für dich!«

Märta schlich sich aus der Küche. Sie wartete, bis der Vater das Haus verließ.

»Du bist kein Umgang für mich«, sagte sie zu Pekka, als sie ihn eine Stunde später am vereinbarten Ort traf.

Die Steinplatte am Rand der Bucht erinnerte an den Buckel eines Wales. Sie lag abgeschieden und vom Schilf verborgen. Niemand konnte sich ihr nähern, ohne dass er bemerkt wurde. Es gab einen schmalen Pfad, der in langen Windungen hinführte. Wer die Abzweigung nicht kannte, verfehlte ihn. Und es gab einen zweiten, einen Fluchtweg.

»Kein Umgang?«, wiederholte Pekka.

Dann grinste er.

»Und wann fährst du nun zu dieser Arja?«

»In zwei Wochen«, sagte Märta, ohne die Spur eines Lächelns im Gesicht.

Sie hatte den Eltern die Erlaubnis abgerungen. Aber sie wusste, je näher der Termin rücken würde, umso unruhiger würde sie werden.

Pekka streckte die Hand aus und hob ihr Kinn.

»Aber du freust dich doch?«

Märta nickte stumm.

Matti

Warum gerade Märta? Diese Frage hatte sich Matti am Anfang gar nie gestellt. Dass keine andere infrage kam, war zweifellos richtig. Aber warum? Sie war keine Schönheit, gewiss nicht. Vielleicht war es eher ihr Auftreten. Nein, Auftreten war nicht der richtige Ausdruck dafür. Sie hatte kein Auftreten. Sie trat nicht auf. Alles war natürlich an ihr. Nichts Besonderes. Aber sie wusste genau, was sie wollte. So schien es zumindest. War es das, was ihm gefiel? Wenn es so war, dann konnte er sich aber selber nicht verstehen. Er war niemand, der sich dirigieren lassen wollte. Schon gar nicht von einer Frau. Der eigenen Frau.

Aber das war nun doch zu sehr am Blau des Himmels gekratzt. Wer sprach denn von Heiraten? Dummes Gelaber!

Er schlug sich vor den Kopf. Es ging doch um etwas ganz anderes: Um die Eroberung ging es. Eine Frau so weit zu bringen, dass sie sich für ihn entschied, vor allen anderen. Dass er der Sieger wäre in diesem Turnier. Einzig darum ging es. Und natürlich darum, wer der Erste sein durfte, wenn es zur Sache ging. Da hatte er noch Nachholbedarf. Genauer: Da war lange Zeit gar nichts gegangen. Wenn man von dieser eher seltsamen Erfahrung absah, die er mit achtzehn in einem Hinterhaus am Stadtrand gemacht hatte. Da waren sie zu dritt hingegangen, weil einer von ihnen eine Adresse kannte. Viljanen. Offensichtlich war er auch der Einzige gewesen, der sich auskannte in solchen Dingen. Matti und Akseli hingegen waren Neulinge auf dem Gebiet und standen da, als müssten sie zur Beichte. Da halfen auch harte Fäuste und grimmige Mienen nichts. Viljanen grinste nur und schob beide vor sich her.

»Los, sucht euch eine aus!«, forderte er sie auf und deutete in die Runde.

Matti hatte noch nie so hässlich schöne Frauen gesehen. Aus dieser Nähe. Und fast nackt. Nervös fingerte er an der Zigarettenpackung herum, zog schließlich eine Zigarette heraus und steckte sie an.

»Gibst du mir auch eine, Süßer?«, fragte die ihm am nächsten Sitzende.

Es war eine große Blondierte, an der restlos alles groß war. Wortlos streckte er ihr die angebrochene Packung hin. Sie aber nahm nicht eine Zigarette, sondern griff nach seiner Hand, stand auf und zog ihn mit sich zur Treppe, die nach oben führte.

Schwitzend und ziemlich hilflos blickte er sich nach seinen Kollegen um. Aber Viljanen grinste nur und Akseli sah geflissentlich zur Decke hoch.

Eleonora hatte sie geheißen. Das würde er nie vergessen. Leider. Aber es war nun mal so, und irgendwie und irgendwann musste man das Ding ja einmal drehen. Da konnte keiner davonschleichen. Viljanen sei Dank. Trotz aller Peinlichkeit.

Mit Märta hatte das nichts zu tun. Er begehrte sie. Nun ja, begehren … Er wollte etwas von ihr. Vielleicht traf das die Sache besser. Aber er meinte es ernst. Zumindest glaubte er das. Und sie sollte das auch glauben. Begriff sie es denn nicht? Klar, es war eine Beleidigung, dass sie sich mit diesem hergelaufenen Knaben abgab, der offensichtlich etwas Besseres sein wollte. Eine Beleidigung, die eine Antwort verlangte. Die man hier nicht dulden konnte. Nicht hier, im Dorf, in der Gemeinde. Schließlich gab es genug kräftige, junge Männer in der Gegend. Da brauchte nicht ein Zugezogener sein Vorkaufsrecht anzumelden.

Märta – er würde ihr schon noch beweisen, dass sie auf das falsche Pferd setzte. Dass Matti Nieminen der einzig Richtige für sie war. Dass kein Weg an ihm vorbeiführte. Und dass er notfalls bereit war … Ja, wozu wäre er fähig? Musste es denn tatsächlich diese eine Märta sein? Gab es nicht genügend andere junge Frauen in der Gegend, die sogar attraktiver waren? Musste er sich Klarheit verschaffen, ob es ihm in diesem Spiel, das keines mehr war, eigentlich um Märta ging? Oder vielmehr um Pekka, nur um Pekka? Dass es nur darum ging, ihm einen Strich durch die Rechnung zu machen. Ihn aus dem Rennen zu nehmen. War es das wert gewesen?

Märta

Tampere. Nach der Hauptstadt die zweitgrößte Stadt des Landes. Bisher war Märta erst ein paarmal in Lahti gewesen. In Helsinki noch nie.

Sie war mit dem Überlandbus gefahren. Kurz nach ihrem achtzehnten Geburtstag. Da stand Pekka bereits vor dem dritten Lehrjahr. Er holte sie am Bahnhof ab. Seine Wohnung befand sich am östlichen Stadtrand in einem hässlichen Mietshaus. Es war Freitagabend und es war schon spät. Er hatte Kartoffeln gekocht, dazu gab es Krabben aus der Dose und Bier.

Märta wollte nur Wasser. Sie mochte nicht essen. Sie war müde von der Aufregung und der Reise, erschöpft nach einer Woche Arbeit im Laden, und sie wollte nur noch in Pekkas Armen liegen und schlafen. Eine Weile spürte sie noch seine Hand, die ihr über Wangen, Stirn und Schultern strich, dann glitt sie in wirre Träume.

In den frühen Morgenstunden erwachte sie, weil sie fror. Pekka hatte im Schlaf die Decke weggezogen. Das Bett war schmal, sodass sein linker Arm über den Bettrand hinunterhing. Märta stieg über ihn hinweg und schloss das Fenster. Draußen war heller Tag. Um diese Jahreszeit dauerte die Nacht keine drei Stunden.

Sie zog Pekkas Pullover an, der über dem Stuhl hing. Erst jetzt blickte sie sich richtig um. Am Vorabend war sie wie in Trance gewesen. Die Wohnung war winzig. Sie bestand nur aus dem einen Zimmer mit Tisch, Schrank und Bett. An der Wand zum Flur gab es eine Kochnische, hinter dem Flur ein kleines Bad. In der Spüle türmte sich Geschirr. Es roch nach der Salzlake, in der die Krabben gelegen hatten. Auf dem Tisch standen Gläser, eine angebrochene Packung Brotscheiben und ein Topf mit Brotaufstrich, und in einer Ecke, zu einem wackligen Turm aufgeschichtet, Pekkas Schulbücher und Hefte. Über dem Bett hing ein großes Kino-Werbeplakat. Der Film hieß *Der unbekannte Soldat.*

Märta sah auf den schlafenden Pekka hinunter, während sie noch immer an derselben Stelle stand. Das Zimmer war ja so eng. Sie hatte sich gerade mal um die eigene Achse gedreht.

Pekka lag da am Abgrund. Bei der kleinsten Bewegung musste er über die Kante auf den Boden fallen. Sein dunkles Haar war zerzaust. Die Gesichtsmuskeln arbeiteten. Märta stieg über ihn hinweg zurück ins Bett, vorsichtig, um ihn nicht zu wecken. Was natürlich nicht gelang. Er murmelte etwas Unverständliches, gab aber dann doch einen Teil der Decke frei. Märta schmiegte sich eng an die Wand und ließ den Blick über Pekkas Rücken gleiten. Lange versuchte sie vergeblich, wieder einzuschlafen.

Am Samstag fuhren sie in die Stadt. Pekka führte sie über die Tammerkoski, die Stromschnellen, welche die Stadt mitten entzweischnitten. Vom oberen See, dem Näsijärvi kommend, war das Wasser auf seinem Weg in den Pyhäjärvi, den unteren See, Energiequelle für mehrere Industriebetriebe. Als sie über die Häme-Brücke kamen, blieb Märta stehen. Während die Leute in einem ununterbrochenen Strom an ihr vorbeizogen, ohne sie oder das Spiel des Wassers zu beachten, blickte sie hinunter in die wirbelnden Fluten. Es war das erste richtige Fließgewässer, das sie zu sehen bekam. Je länger sie dort stand und das Wasser unter der Brücke verschwinden sah, umso unsicherer fühlte sie sich.

»Es ist, als ob einem der Boden unter den Füßen weggezogen würde«, sagte sie zu Pekka, der besorgt war, weil sie zu schwanken schien, obschon sie sich am Brückengeländer festhielt.

Er zog sie mit sich über die Brücke in den westlichen Teil der Stadt, wo sich das Bankgebäude befand, ein imposanter Bau, worin er seine Lehre machte.

»Schade, dass die Bank heute geschlossen hat«, meinte sie.

»Ich hätte dir meinen Arbeitsplatz trotzdem nicht zeigen dürfen«, sagte Pekka.

Er beschrieb ihr die hohe Eingangshalle mit den mächtigen Steinsäulen und den Marmorplatten. Die hohen Türen aus dunklem Edelholz, die sich geräuschlos öffneten und schlossen. All die bedeutenden Leute, die sich in wichtigen Angelegenheiten durch das Gebäude bewegten. Aber Märta hörte nicht wirklich hin. Sie hatte jetzt mehr Interesse an den Ladengeschäften, die links und rechts die Straßen säumten. Sie schleppte ihn in die Warenhäuser, in die Abteilungen für Damenmode, wo sie sich kichernd Hüte aufsetzte, in die Möbeletage, die Anlass bot, sich in Gedanken eine Wohnung zu zweit einzurichten. Schließlich landeten sie in der Parfümerie, deren Gerüche so intensiv waren und berauschend, dass Märta wieder in eine Art schwankenden Zustand geriet. Sie kaufte ein kleines, für ihre Verhältnisse sündhaft teures Flakon, von dem Pekka behauptete, es rieche betörend.

Märta konnte sich nicht sattsehen an allem, was es hier in der ganzen Stadt zu bewundern und zu kaufen gab. Pekka hatte Mühe, sie aus dem Zentrum hinauszulotsen. Er führte sie hinüber nach Särkänniemi, der Halbinsel, wo ein kleiner Vergnügungspark im Entstehen war. Sie gingen hinunter an den See und suchten sich eine Stelle, wo sie sich am Ufer niederlassen konnten. Sie rochen an Märtas Parfüm, lachten und küssten sich, bis sie ermüdet eine Weile auf dem etwas feuchten Boden unter den Kiefern dösten, Märtas Kopf auf Pekkas Bauch.

Als sie zurückgingen, war das große Karussell in Betrieb. Sie setzten sich jeder in einen der roten, an langen Ketten aufgehängten Sitze. Je schneller das Karussell sich drehte, desto weiter und höher hinaus schwangen die Sitze an ihren Ketten. Die Welt blieb zurück, der Himmel näherte sich, und die Wolken gerieten in Schieflage. Märtas und Pekkas Hand, die sich am Anfang noch gehalten hatten, wurden auseinandergerissen. Es war an diesem Tag bereits das dritte Mal, dass Märtas Existenz ins Wanken geriet.

Später setzten sie sich in eine Kneipe und aßen Hacksteak und Fritten. Es schmeckte nicht besonders.

»Bist du öfters hier?«, wollte Märta wissen.

Pekka schüttelte den Kopf.

»Wo trefft ihr euch denn?«, fragte sie.

»Wer ›ihr‹?«

»Du und deine Kollegen.«

Pekka machte eine unbeholfene Bewegung mit dem Arm. Wie ein Dirigent, der den Takt verloren hat.

»Och, Kollegen, weißt du – aber ja, in der Innenstadt, in der Nähe des Lenin-Museums und so.«

»Gehen wir hin?«, schlug Märta vor.

»Da ist Sonnabend der Teufel los«, wehrte Pekka ab. »Wenn du schon mal da bist, bin ich lieber mit dir zusammen«, fügte er hinzu und küsste Märtas Ohr.

»Wir steigen auf den Pyynikki«, sagte er, »und warten auf den Sonnenuntergang.«

»Pyynikki?«, fragte Märta.

»Der städtische Hausberg«, erklärte Pekka.

Märta lächelte. Pekka hatte eine romantische Ader. Das wog vieles auf. Etwas mehr, das für ihn sprach. Ihr Vater hatte doch keine Ahnung, worauf es wirklich ankam. Keine Ahnung hatte er.

Sie schob den Stuhl zurück und stand auf.

»Worauf warten wir noch? Ich bin bereit!«

Olli

Er war zu weich, viel zu weich. Olli fühlte nichts von der Gewalttätigkeit seines Vaters in sich. Natürlich hatte er als Kind Blumen geköpft, wahllos und ziellos, hatte Baumrinden mit dem Messer geritzt, dass hässliche Narben blieben. Hatte Ameisen gequält und Wespen, indem er ihre taillierten Körper in Einzelteile zerlegt hatte. Mit Gewalt hatte das wahrscheinlich noch nicht viel zu tun. Eher war es Neugierde gewesen, Gedankenlosigkeit. Oder Langeweile.

Später war tatsächlich eine Phase der latenten Gewaltbereitschaft über ihn gekommen. Das Erbe ließ sich nicht verleugnen. Er musste zuschlagen, er musste Schmerz bereiten. Und Schmerz spüren. Es war, als schlüge er sich bei jeder Schlägerei mit seinem Vater. Es war die Gewalt des anderen, die er vernichten wollte. Als er die ersten Strafen absitzen musste wegen Tätlichkeiten und Körperverletzung, erkannte er, dass es letztlich immer nur auf Zahn um Zahn, Auge um Auge hinauslief. Die Gewalt an der Wurzel ausreißen zu wollen blieb eine Wahnvorstellung.

Er begann zu rauchen. Hanf machte ihn friedlich. Er ließ die Gewalt in Rauch aufgehen. Es war seine eigene Lösung. Es brachte ihn wieder dorthin, wo er zuvor gewesen war. In diesen Zustand des Nachgiebigen, Formbaren. Ein Körper ohne Ecken und Kanten, eine Art Kugel aus mattem Filz, die, dem kleinsten Luftstoß ausgesetzt, überall anstieß, ohne sich oder anderen wehzutun. Mit Männlichkeit allerdings hatte das nichts mehr gemein. Der Alte hatte es wiederholt gesagt. Mit Hohn in der Stimme und Verachtung. Der wusste es nicht besser.

Einmal hatte er seinem Vater einen Joint angeboten, nur so, aus Jux, nicht mit einer konkreten Absicht. Vielleicht hätte ihm das Rauchen ja gutgetan, ihn besänftigt und umgänglicher gemacht. Das kam ihm erst später in den Sinn, Jahre später. Damals hatte der Alte ihm den angebotenen Joint wortlos aus der Hand geschlagen.

Die Kiste sprang nicht immer gleich an. Meist brauchte es zwei, drei Anläufe, bis die Kerzen den notwendigen Funken erzeugten.

Als er aus der Quartierstraße herausfahren wollte, musste er warten. Ein Rentner bog ab, im Schritttempo, ohne zu blinken. Der Bus kam, ein Lieferwagen hinterher. Olli blickte auf die Uhr. Warten war nicht seine Sache. Warten war gleichbedeutend mit Stress. Obwohl er alle Zeit der Welt zu haben schien, wurde er ungemütlich, wenn man ihn warten ließ. Er konnte es nicht erklären. Wenn man ihn danach fragte, wurde alles nur noch schlimmer.

Endlich war die Fahrbahn frei. Er bog in die Hauptstraße ein und fuhr Richtung Innenstadt. Bei der nächsten Tankstelle hielt er an und ließ den Tank zur Hälfte volllaufen. Im Shop kaufte er Zigaretten und eine Cola. Für mehr reichte es im Moment nicht. Nicht, um den Tank ganz zu füllen, und auch nicht, um Lebensmittel einzukaufen. Die Reserven schrumpften zusehends. Und das Monatsgeld von der Sozialhilfe würde frühestens in einer Woche auf seinem Konto gutgeschrieben. Er musste also nach Kasiniemi fahren und dringend etwas lockermachen. Aber er war noch viel zu früh. Um diese Zeit war der Alte noch stocknüchtern. Keine Chance, dass die Mutter ihm etwas zustecken konnte, ohne dass der Alte es merkte.

Er fuhr quer durch die Stadt, über die Aleksanterinstraße in die Hollolastraße. Einer plötzlichen Eingebung folgend bog er ab und fuhr bis zum Sportzentrum. Er parkte den Wagen, ließ die Scheibe herunter und zündete sich eine Zigarette an. Vor ihm erhoben sich die geschwungenen Bögen der drei Skisprungschanzen über den Wald und in den Himmel. Auf eine minimale Form reduzierte weibliche Skulpturen. Er blies den Rauch aus dem Wagenfenster. Es gab einen Skispringer mit demselben Namen, der in den Neunzigerjahren als Erster über zweihundert Meter geflogen war und bei der Landung hatte stehen können. Sie waren nicht verwandt miteinander. Sport als Betätigungsfeld war in Ollis Familie nie ein Thema gewesen. Höchstens, wenn ein wichtiges Eishockeyspiel bevorstand. Da hatte die Glotze manchmal für die Zeitdauer eines Matchs für Waffenstillstand zwischen ihm und dem Alten gesorgt.

Er klemmte die Zigarette zwischen die Lippen, hob die Cola aus dem Ablagefach und hielt sie aus dem Fenster, bevor er die Lasche aufriss. Der Schaum zischte aus der Öffnung, lief über seine Hand und tropfte in braunen Flocken auf den Asphalt. Er nahm die Dose in die andere Hand und schüttelte die Nässe von den Fingern. Er hatte nur einmal versucht, eine Getränkedose im Inneren des Autos zu öffnen. Nach einem letzten Zug warf er die Kippe aus dem Fenster und hob die Dose an die Lippen. Die Kohlensäure füllte seinen Mund mit tausend kleinen Explosionen. Er musste blinzeln, und die Sprungschanzen begannen vor seinen Augen zu tanzen und vermehrten sich für Sekundenbruchteile um ein Vielfaches.

Warum war er hierhergefahren? Das letzte Mal, als er hier gewesen war, lag viele Jahre zurück. Siebzehn oder achtzehn war er damals gewesen. Es war ein Sonnabend, um Mittsommer herum. Er war besoffen. Alle waren sie besoffen, die Stimmung entsprechend gereizt. Warum, wusste er heute nicht mehr. Wahrscheinlich war eine Frau im Spiel gewesen. Und dann war irgendeiner dem anderen zu nahe gekommen. Ein Stoß mit dem Ellbogen. Ein ausgestrecktes Bein. Hämisches Gelächter. Dann der erste ungebremste Schlag. Eine blutende Nase, ein geschwollenes Auge. Gruppenbildung, Kriegserklärungen. Darauf der Frontalangriff. Mit nichts waren sie mehr aufzuhalten. Bis einer am Boden lag und nicht mehr aufstehen wollte.

Das Messer, das die Polizei gefunden hatte, war sein Messer. Er beteuerte, nicht davon Gebrauch gemacht zu haben. Er glaubte zu wissen, wer zugestochen hatte. Aber alles sprach gegen ihn. Er wurde verhaftet, später verurteilt. Ein Jahr geschlossene Erziehungsanstalt. Das Opfer hatte überlebt. Keine Folgeschäden. Und Olli war freigekommen.

Heute waren die, die damals dabei gewesen waren, Familienväter, Busfahrer, Bankangestellte, geschieden, weggezogen, was auch immer. Oder beim Sozialamt.

Er öffnete die Tür und stieg aus. Er schloss den Wagen ab und ging über den Parkplatz zu den Sportanlagen. Beim Ticketverkauf kratzte er Kleingeld zusammen, um mit dem Sessellift zu den Sprungschanzen hochzufahren. Das Schwimmbad unten im Auslauf der großen Schanze hatte geöffnet, aber mit Ausnahme der Aufsicht war niemand da.

Der Sessellift fuhr aufreizend langsam. Olli kämpfte gegen die Ungeduld. Als er fast schon oben war, erfasste ein rauer Wind die Sessel und brachte sie zum Schaukeln.

Der Lift hinauf zum Schanzentisch war außer Betrieb, das Treppenhaus jedoch geöffnet. Olli blickte am Turm empor. Er gab die Idee, zu Fuß hochzusteigen, gleich wieder auf. Für das bisschen Aussicht war die Anstrengung unangemessen. Er suchte den Windschatten des Turms und rauchte. Lange würde die Packung nicht reichen, wenn er so weitermachte.

Touristen, die offenbar den Aufstieg nicht gescheut hatten, gingen an ihm vorbei. Sie sprachen Englisch in einem seltsamen Slang. Er verstand, dass sie den Mut der Skispringer grenzenlos bewunderten. Tat er ja auch. Nie im Leben wäre er irgendwo ins Leere gesprungen. Nicht für alles Geld der Welt.

Er blickte den Fremden nach. Sie hatten den rauchenden Mann, der am Betonsockel des Sprungturms lehnte, nicht beachtet. Ihm war's recht. Er wartete, bis sie verschwunden waren, dann ging er ihnen langsam nach auf dem Weg hinunter zum Parkplatz.

Bevor er den Motor startete, blickte er auf die Uhr. Er hatte gehofft, die Zeit sei inzwischen rascher verflossen, wenn er nicht ständig an sie dachte. Aber es war erst kurz nach zwei. Trotzdem fuhr er zurück in die Stadt und bog auf die E4 ein, die nach Norden führte.

Der Verkehr war flüssig, und er kam gut voran. Die Fahrt war eintönig. Ab und zu trank er einen Schluck Cola, um aufmerksam zu bleiben. Es war keine drei Uhr, als er bereits an Padasjoki vorbeifuhr. Immer noch viel zu früh, um auf dem elterlichen Hof aufzutauchen. Warum der Alte ihn an die Mutter verwiesen hatte, war ihm nach wie vor ein Rätsel. Obschon: Von Geld war in diesem Gespräch ganz sicher nie die Rede gewesen. Was aber hatte der Alte dann gemeint? Egal – er brauchte den Zuschuss einfach.

Als er auf Arrakoski zuhielt, kam ihm der Gedanke, ob er statt abzubiegen geradeaus weiterfahren und in Harmoinen Mutters Schwester einen Besuch abstatten sollte. Onkel Arto war ein Klugscheißer erster Klasse. Ein Schönredner und ein Schleimer. Darin war sich Olli ausnahmsweise mit seinem Vater einig. Tante Marja hingegen mochte er sehr gern. Auch wenn sie ihm stets in den Ohren lag und ihn, den über Vierzigjährigen, auch jetzt noch zu einem gesünderen Leben motivieren wollte.

»Ich weiß nicht, warum du dir das antust«, sagte sie jeweils, wenn sie ihn sah. »Du hättest doch etwas Besseres verdient. Wenn du dich nur ein bisschen bemühen wolltest.«

»Es geht mir ja gut«, erwiderte er dann. »Was willst du mehr?«

»Es verlangt auch niemand, dass du es begreifst«, fügte er hinzu, weil sie den Kopf schüttelte.

Einen schmatzenden Kuss gab es trotzdem. Als wäre er immer noch der kleine Junge, der mit ihr in die Blaubeeren gegangen war.

Er blinkte und bog in einen Waldweg ab, weil er dringend pinkeln musste. Als er hinter einem Baum stand und sein Wasser ließ, erinnerte er sich, dass Tante Marja ihm stets zugeschaut hatte, wenn er seinen kurzen Pimmel aus dem Hosenlatz klaubte. Ihm war das peinlich gewesen, und er hatte oft den Harndrang unterdrückt, um ihrem Blick zu entkommen.

»Der wird schon noch wachsen«, hatte sie gelacht und ihren Hintern in die Luft gestreckt, wenn sie sich wieder den Blaubeerstauden zuwandte.

Bevor er in den Wagen stieg, steckte er sich nochmals eine Zigarette an. Er lehnte an der Motorhaube, während er rauchte. Den Stummel warf er in die Vertiefung der Radspur und trat die Glut aus.

Als er den Zündschlüssel drehte, geschah nichts. Erstaunt versuchte er es ein zweites und ein drittes Mal. Ohne Erfolg.

Er hieb mit der Faust auf das Armaturenbrett. Das gab es doch nicht – ausgerechnet jetzt ließ ihn die Karre im Stich.

»Scheiße!«

Er suchte das Fach mit den Sicherungen und kontrollierte, ob eine davon defekt war. Weil er nichts fand, stieg er aus, öffnete die Motorhaube und rüttelte an Schläuchen und Kabeln. Von Autos hatte er nie viel verstanden. Er dachte nach: Wenn einer etwas von Motoren verstand, dann war es Kai. Ja, Kai. Aber Kai hatte er schon lange nicht mehr getroffen. Egal. Kai würde ihm helfen können. Kai musste ihm helfen. Er suchte die Nummer auf seinem Handy und klickte sie an.

Märta

Als die Sonne hinter den See gesunken war, blieben die Farben in geschichteten Linien über dem Wasser hängen, dunkelten langsam aus, von golden und rot zu Blautönen und silbernem Schwarz. Es wurde rasch kühler.

Märta und Pekka stiegen vom Stadthügel hinunter. Märta wollte lieber auf den Bus warten, als die weite Strecke nach Hause zu laufen. In Pekkas Wohnung zog sie die Schuhe aus und legte sich auf das ungemachte Bett.

»Ich kann kaum mehr die Augen offen halten«, murmelte sie.

»Ruh dich aus«, sagte Pekka und ging ins Bad.

Die Wände im Haus waren dünn. Märta hörte jedes Geräusch aus dem Badezimmer. Aber das regelmäßige Rauschen der Dusche spülte sie dann rasch in den Schlaf.

Sie erwachte davon, dass eine fremde Hand sie berührte. Im Schlaf mussten ihre Bluse und das Unterhemd verrutscht sein, sodass die Hand sich ungehindert über ihren Rücken bewegen konnte. Im ersten Moment wusste sie nicht, wo sie war. Aber die Berührung war so sanft, dass sie nichts anderes wollte, als sich diesem Augenblick einfach hinzugeben. Als die Hand über ihre Hüfte glitt, nach vorn und sich dem Nabel näherte, drehte sich Märta von der Wand weg. Pekka saß auf dem Bettrand. Er hatte nur seine Unterhose an. Er beugte sich über sie und küsste sie. Ihren Mund gab er erst wieder frei, als sie nach Atem rang.

»Du bringst mich noch um!«, lachte sie.

»Dann küss ich dich eben anderswo«, sagte er.

Pekkas Lippen wanderten über ihre Haut und erzeugten, wo sie hinkamen, wohlige Schauer. Erst als er ihr Unterhemd so weit hochschob, dass er auch den BH mit Küssen bedecken konnte, wehrte sie ihn ab.

»Pekka, bitte nicht«, flüsterte sie.

Das schlechte Gewissen meldete sich. Sie hatte die Eltern belogen, sie würde zu einer Freundin fahren. Stattdessen lag sie mit einem Mann im Bett, der ihnen nicht genehm war. Zudem hatte sie Angst vor dem, was Pekka von ihr wollte.

»Warum?«, fragte er. »Wir lieben uns doch.«

»Ich bin noch nicht so weit«, wich Märta aus.

»Und wann bist du so weit – in einer halben Stunde? Morgen? Oder erst, wenn du wieder abgereist bist?«

»Du bist gemein«, sagte sie nicht. Sie sagte: »Warum kannst du mir nicht einfach Zeit lassen?«

»Okay, okay«, lenkte Pekka ein, »ich kann warten. Du musst nicht glauben, ich sei einfach ein geiler Bock. Ich liebe dich, das ist alles.«

Er stand auf und zog sich den Trainingsanzug an. Dass er verstimmt war, konnte Märta nicht entgehen. Er schaltete das Radio ein. Die Beatles sangen ihr *Yeah, yeah, yeah*. In Märtas Ohren klang es wie Spott.

Der Bus fuhr durch die Wälder gegen Osten. Märta starrte aus dem Fenster und sah eine Wand von Bäumen. Ab und zu gab es helle Flecken zwischen den Stämmen, wo Wasser das Licht reflektierte. Es war bald fünf Uhr, ein trüber Sonntag. In einer guten Stunde würde sie zu Hause sein.

Der Bus hielt. Eine Haltestelle. Aber kein Haus weit und breit. Rechts und links von der Straße zweigte je ein Fahrweg in den Wald ab. Drei Passagiere stiegen aus und blieben am

Straßenrand stehen. Wahrscheinlich warteten sie auf jemanden, der sie abholte.

Zu Hause fragte die Mutter sie aus. An jedem Detail schien sie interessiert zu sein. Als ob sie selber noch nie in Tampere gewesen wäre. Märta fiel das Flunkern erstaunlich leicht. Sie hatte es sich viel schwieriger vorgestellt. Eigentlich musste sie ja nichts erfinden. Sie musste nur den Namen ersetzen: Pekka durch Arja. Je länger sie erzählte, umso leichter wurde ihr Gewissen. Ja, sie hatte Arja besucht in Tampere, eine Freundin aus früheren Tagen.

Erst als sie im Bett lag, mit summendem Kopf, der trotz der Müdigkeit lange keinen Schlaf zuließ, erst da fand sie zurück und wühlte mit der Hand über Laken und Kissen auf der Suche nach der fremden Haut.

Pekka und die Stadt waren weit weg. Morgen würde sie wieder in Kuhmoinen stehen, im Laden, und sie durfte niemandem erzählen, wo sie am Wochenende wirklich gewesen war.

Als sie am Montagabend aus dem Bus stieg, stand Matti an der Haltestelle. Er schien auf jemanden zu warten.

»Hallo«, sagte er.

Das war nicht seine Art. Meist drehte er sich weg, damit er nicht grüßen musste.

»Hallo«, sagte Märta.

Sie stellte fest, dass er sein dunkelblondes Haar in nassen Strähnen nach hinten gekämmt hatte. Das tat er sonst nur am Wochenende.

»Wartest du auf jemanden?«, fragte Märta.

»Vielleicht«, sagte Matti.

»Das soll eine Antwort sein?«

Er zuckte die Schultern. Jetzt ging Märta ein Licht auf. Aber sie schwieg.

»Und«, sagte Matti, »wie war es in der Stadt?«

Sein Blick hatte etwas Lauerndes.

»In der Stadt?«

Märta stellte sich unwissend. Aber sie konnte nicht verhindern, dass ihr die Röte ins Gesicht schoss.

»Du weißt schon, was ich meine«, sagte Matti.

»Spionierst du mir nach?«

»Könnte ja sein, dass dich jemand gesehen hat.«

»Und wer sollte das sein?«, wollte Märta wissen.

Die Frage rutschte ihr heraus, und sie bereute es auch gleich. Jetzt hatte sie bereits zu viel gesagt.

»Spielt keine Rolle«, grinste Matti.

»Ich habe eine Freundin besucht, Arja«, sagte Märta. »Aber was geht das dich an?«

»Arja, so?«, sagte Matti. »Seltsam.«

»Was soll daran seltsam sein?«

»Dass Arja plötzlich so dunkle Haare hat.«

»Sie ist doch blond«, widersprach Märta.

»Eben.«

Matti dehnte das Wort genüsslich in die Länge.

»Du bist ekelhaft!«, zischte Märta und wollte an ihm vorbei. Er stellte sich ihr in den Weg.

»Straßenzoll«, forderte er.

»Wie bitte?«

»Ich verlange nicht viel«, sagte er. »Ein Kuss genügt.«

»Spinnst du?«, sagte Märta empört.

Jetzt siegte die Wut über ihre Unsicherheit. Der Kerl hatte wohl einen an der Erbse! Sie stieß ihn beiseite und stakste davon.

Matti, der sich seiner Position sicher gewesen war, blieb überrascht stehen. Er versuchte zu retten, was zu retten war.

»Sonnabend zeigen sie im Gemeindesaal einen Film mit James Dean!«, rief er ihr nach. »Ich warte um sechs an der Haltestelle.«

Ohne sich umzudrehen, machte Märta ihm den Vogel. Ob er es gesehen hatte, wusste sie nicht. Es war ihr egal.

Solange sie auch dauerten, so rasch waren die Jahre der Lehrzeit vorbei. Märta konnte vorläufig im Laden bleiben, weil eine der Angestellten ein weiteres Kind bekommen hatte und ausfiel. Pekka und Matti wurden zum Militärdienst eingezogen und verschwanden von der Bildfläche.

»Jetzt weiß man wenigstens, wo die Kerle sind und dass sie etwas Gescheites tun«, sagte Märtas Vater.

»Ist Krieg etwas Gescheites?«, wagte Märta zu fragen.

Sie erwartete, dass der Vater aufbrausen würde.

»Verdreh mir nicht die Worte im Mund«, brummte er aber nur.

Und weiter gab es dazu nichts zu sagen.

Ab und zu hatten die Rekruten Urlaub und kamen für ein Wochenende nach Hause. Meist waren sie so hundemüde, dass sie die halbe Zeit verschliefen. Für Märta war es schwierig. War der Augenblick günstig, versuchte sie, Pekka anzurufen, ohne dass der Vater etwas davon mitbekam. Aber wenn Pekkas Mutter nicht zu Hause war, nahm bis am späten Nachmittag niemand ab. Dass Pekka bei Märta anrief, war nach wie vor ausgeschlossen.

Andererseits war Märta froh, dass es Matti nicht besser erging. Er stellte ihr sonst nach, wo er konnte. Ihm wünschte sie nichts als Schlaf, das ganze Wochenende lang. Hatten beide

Jungen zur selben Zeit Urlaub, so konnte es geschehen, dass Matti ein Treffen zwischen ihr und Pekka zu verhindern verstand. Es waren die schlimmsten Tage für sie, wenn sie wusste, Pekka war da, aber er würde wieder abreisen, ohne dass sie ihn auch nur zu Gesicht bekommen hatte.

Dann aber kam dieser Sonntag, als der Weg zueinander unerwartet frei war. Matti hatte Kasernendienst, und Märtas Eltern waren bei Bekannten eingeladen, die in Luopioinen wohnten. Eigentlich sollte sie mitgehen, aber sie schützte Unwohlsein vor und blieb zu Hause. Marja, die vieles ahnte, aber nichts wusste, würde sie nicht verraten.

Sie trafen sich auf der Steinplatte in der Bucht. Der Tag war sonnig, aber ein kühler Wind fuhr unter die Kleider. Pekkas Hände waren rau und seine Bartstoppeln stachelig. Märta fröstelte.

»Lass uns zu mir gehen«, schlug Pekka vor. »Meine Mutter ist nicht da.«

Er zog Märta mit sich. Sein Schritt hatte etwas Energisches, das neu war an ihm. Märta ließ sich ziehen und stolperte hinterher. Sie holten die Fahrräder aus dem Wald und strampelten gegen den Wind.

Als sie bei Pekkas Haus ankamen, war Märta erhitzt. Es war nicht das erste Mal, dass sie hierherkam, in das kleine hellblaue Haus, das Pekka mit seiner Mutter bewohnte. Pekkas Mutter hatte sie von Anfang an freundlich begrüßt. Sie schien jünger zu sein als Märtas Mutter, aber vielleicht lag das auch nur daran, dass sie stets etwas Schminke auftrug.

Kaum hatte Pekka die Tür hinter sich geschlossen, begann er, Märta durch das Haus zu jagen, in die Küche, um den Tisch herum, zurück in den Flur, durch das Wohnzimmer und wieder in den Flur, bis sie, die ihm lachend auszuweichen versuchte, nur noch die Treppe hinauffliehen konnte. Dort war sein Zimmer, dort wollte er sie haben. Sie wusste es. Und er war so ungestüm, sie hatte dem nichts entgegenzusetzen. Sie wollte es ja selbst. Sie wollte ihn so nahe bei sich haben wie noch nie. Die Zeit des Wartens war vorbei. Ein wenig bange war ihr immer noch, aber sie wehrte sich nur noch gegen die eigene kleine Angst.

Märta hatte kalte Füße bekommen. Sie hatte die Beine wieder hochgezogen, sich nochmals hingelegt und die Decke über sich gezogen.

Sie seufzte. Hatte sie tatsächlich geseufzt? Manchmal war das Erinnern eine Qual. Da mochte die Erinnerung noch so wunderbar sein. War es überhaupt möglich, dass sie dies alles noch so genau wissen konnte? Oder spielte ihr das Gedächtnis einen Streich, indem es ihr etwas vorgaukelte, was eher Traum als Wirklichkeit war?

An einen hübschen, kleinen Schmerz erinnerte sie sich. An einen Blutfleck auf dem Leintuch. An Pekkas Glied, welches das Gesicht einer Spitzmaus hatte. Klein? Hübsch? Ein Schmerz ist ein Schmerz. Vielleicht war er doch größer gewesen, als die Erinnerung ihr jetzt weismachen wollte. Und das Ding zwischen Pekkas Beinen war eigentlich eher etwas Hässliches gewesen. Etwas, das sie sonst nur von Stier und Pferd kannte. Blieb noch die Scham? Die hatte sie nach Hause getragen. Ja, sie hatte sich geschämt. Irgendwie. Sie hatte etwas Verbotenes getan. Je näher sie dem Elternhaus kam, umso mehr stach sie das schlechte Gewissen. Das Unwohlsein, das sie zuerst nur vorgetäuscht hatte, holte sie tatsächlich noch vor der Rückkehr der Eltern ein. Kein Geheimnis ohne Strafe. Aber es hatte sie vor weiteren Fragen bewahrt.

Der Anflug eines Lächelns huschte über Märtas Gesicht. Sie rieb die Füße unter der Decke aneinander. Dort hatte sich jetzt eine warme Kuhle gebildet. Aber Aufstehen – nein, dazu konnte sie sich immer noch nicht entschließen.

***

Der Mann hat das Gewehr jetzt ständig bei sich. Er geht nirgends mehr hin ohne seine Waffe. Sie lehnt am Küchentisch. Sie liegt neben dem Bett. Er nimmt sie sogar mit, wenn er hinaus aufs Plumpsklo muss. Und wenn er zum Ziehbrunnen geht, wo an einem Holzpfosten der alte Spiegel hängt. Hier hat sich schon sein Vater rasiert. Zwar gibt es längst fließendes Wasser im Haus, aber er hat die Gewohnheit vom Vater übernommen.

Als er mit dem Rasiermesser Schaum und Stoppeln wegschabt, taucht im Spiegel plötzlich der Fuchs auf. Der Mann erstarrt. Der Fuchs blickt in den Spiegel. Wo ist der Hund? Warum gibt er nicht an? Vorsichtig legt der Mann das Messer ab. Ohne den Fuchs aus den Augen zu lassen, greift er nach dem Gewehr. Dann dreht er sich mit einem Ruck herum. Aber da ist nur der leere Vorplatz. Wo er auch hinsieht, wo er auch hinzielt: Da ist kein Fuchs.

Irritiert wendet er sich zurück zum Spiegel. Da ist er wieder! Im Spiegel sitzt der Fuchs! Der Mann reißt das Gewehr hoch. Als er auf den Spiegel schießt, zersplittert der Fuchs in unzählige weitere Füchse, die in alle Himmelsrichtungen davonjagen. Und als die Scherben zu Boden fallen, klingt es wie ein klirrendes Lachen.

***

Matti

Matti lehnte sich an das Treppengeländer und öffnete die Augen. Der Schmerz in seiner Hand hatte sich zu einem kleinen stachligen Tier zusammengerollt, das auf jede seiner Bewegungen mit boshaften Nadelstichen antwortete. Trotz seiner trüben Augen blendete ihn das Licht. Er blinzelte. Der Hofplatz war ein graubrauner Fleck. Der Wald eine grüne Wand. Die Welt bestand nur noch aus farbigen Klecksen. Verdammt! Was bewegte sich da von rechts nach links? War es der Hund, der sich davonmachte? Er wollte den Stock auf den Boden stoßen, auf das Holz der Treppe, dass es knallte. Aber es ging nicht. Ihm war etwas schwindlig. Er glaubte zu schwanken. Jedenfalls durfte er den Stock nicht hochheben. Er brauchte das dritte Bein. Was, wenn er stürzen würde?

Plötzlich war es, als sehe er sich von unten, vom Hofplatz. Er sah den alten Mann, der oben an der Treppe stand, unsicher, leicht schwankend, auf den Stock gestützt und mit der Hand über die Augen fahrend. Denen er nicht traute, weil sie die Dinge nicht mehr zeigten, wie sie tatsächlich waren. Er sah sich dort oben, und eigentlich war es sein Vater, den er sah. Der dort stand, gestanden hatte, wo er jetzt selber war, seiner Glieder nicht mehr Herr, seiner Sinne nicht mehr mächtig, verletzt, krank. Einer, mit dem es zu Ende ging. Früh war er verstorben, der Vater, keine sechzig war er geworden, von der Gicht gequält, vom Krebs zerfressen. Einer, der nur noch darauf gewartet hatte, endlich gehen zu können. Wohin? In eine Dunkelheit am besten, die einen umschloss, damit man nichts mehr sehen und hören musste. Licht, das bedeutete nur Qual.

Für einen, der dem Licht nicht standhielt. Der Tod sollte eine Erlösung sein. Aber das gab es vielleicht nicht, Erlösung, das ging vielleicht immer weiter, auch wenn man tot war, ohne Anfang, ohne Ende. Was wusste er. An das, was der Pfarrer schnorrte, hatte er nie geglaubt. *Selig sind die Friedfertigen, denn sie werden Kinder Gottes heißen* und all das andere Zeug, das irgendwelche alten Männer aufgeschrieben hatten. Dabei hatten sie sich die Köpfe eingeschlagen, damals wie heute. Längst nicht nur die, die zum Schwert griffen, fielen durch das Schwert. Und warum sollte diese andere Welt, wenn es sie denn gab, um so viel besser sein?

Matti blickte auf seine Hände. Auf die eine, die blutverkrustet war. Auf die andere, an der die zwei Finger fehlten. Kleiner Finger und Ringfinger. Auf dem Bau war das geschehen. Vor mehr als dreißig Jahren. Eine Steinplatte hatte sich gelöst und war auf seine Hand gefallen. Die beiden Finger waren nur noch ein Brei aus Fleisch und Knochen gewesen, als seine Kollegen die Platte hochstemmten. Die Schmerzen waren so grausam, dass er nicht einmal mehr geschrien hatte. Nach der Amputation hatte er einige Zeit nicht arbeiten können. Aber auf dem Bau kann man auch mit nur drei Fingern an einer Hand arbeiten. Und Matti musste arbeiten, musste sich Arbeit auswärts suchen, weil der Hof nichts abwarf. Zu wenig jedenfalls für zwei Familien. Als der Vater krank wurde, entschied sich Matti, auf dem Bau zu bleiben. Auf dem Hof gab es damals nur noch einen kleinen Kartoffelacker und ein paar Hühner.

Der alte Mann, der dort oben stand. Nein, von ihm hatte er nichts als den breiten Schädel geerbt. Den Schädel und die unsicheren Beine. Kein Vorbild, zu dem es sich aufzuschauen lohnte. Wie er dieses Kränkliche hasste! Auch bei der Mutter, die noch viele Jahre mit ihnen, ihm und Märta und Olli, unter einem Dach gewohnt hatte. Wo hätte sie nach Vaters Tod denn hingehen sollen. Das Seniorenheim wurde ja erst später erbaut. Zu spät. Er konnte sich nicht vorstellen, einmal selber dorthin zu gehen.

Der Schwindel hatte nachgelassen. Matti hob die Hand mit dem Stock und wankte nicht. Drei Schritte und er war unten auf dem Vorplatz. Beinahe hätte er die verletzte Hand bestätigend zur Faust geballt. Aber die Erinnerung redete es ihm in letzter Sekunde aus.

»Ha …«, machte er, und es musste für den kleinen Triumph reichen.

Er kickte mit dem Fuß einen Stein weg. Ja, Steine zählen, das konnte man überall. Dafür war gesorgt. Ob auf dem Bau oder auf dem Kartoffelacker. Ein Stein hatte ihn seine Finger gekostet. Ein Stein lag auf den Gräbern der Eltern. Und das bisschen Humus, das über das Land verstreut war, deckte nur dürftig die darunterliegenden Felsen.

Seinen Chef, den Inhaber des Bauunternehmens, hatten die Steine reich gemacht. Nur ihn. Seine Arbeiter hatten den Staub geschluckt. Der Durst würgte immer noch in der Kehle. Der war nie mehr zu stillen. Obschon, er hatte auch seine guten Seiten gehabt, der alte Pulkkinen. War auch mal persönlich zu den Hütten der Untergebenen gekommen, um ihnen wieder auf die Beine zu helfen. Ja, und jetzt ruhte er auch unter einem eigenen Stein.

Ackerbauer, wie sein Vater, das wäre eh nichts für ihn gewesen. Rackerei an sieben Tagen die Woche, auch sonntags. Und Ferien? Für Ferien hatte das Geld auch so nie wirklich gereicht. Nach Leningrad, wie St. Petersburg damals noch hieß, waren sie einmal mit dem Bus gereist. Die Stadt war beeindruckend gewesen, für einen wie ihn. Und Märta hatte es regelrecht die

Sprache verschlagen, nachdem er sie angeherrscht hatte, sie solle nicht zu allem und jedem *Ah!* und *Oh!* sagen. Aber Wodka hatten die auch nicht den besseren gehabt.

Nein, das Reisen war nicht seine Sache gewesen. Wozu auch? Er brauchte nichts von all dem, wonach die anderen gierten. Was brachte es, sich in fremden Städten die Sohlen platt zu laufen? Es hatte vollkommen gereicht, ab und zu nach Lahti zu fahren. Fahren zu müssen wegen des Sohnes, der so ganz aus der Familie schlug. Immer nur Ärger. Aber das hatte sich mit der Zeit auch gegeben. Und gut: Er war ja nicht immer nur wegen Olli hingefahren. Nein, das war ganz Märtas Schuld gewesen.

Warum Märta ihn erst wollte, als er nicht mehr um sie kämpfte, war ihm lange ein Rätsel geblieben. Genauso, warum er überhaupt um sie geworben hatte. War es wirklich nur gewesen, damit er diesem Pekka eins hatte auswischen können? Hätte er denn nicht andere haben können? Er, ein kräftiger Baum voller Saft! Hatte er ja auch. Weil Märta so spröde war. Mehrere. Ihretwegen fuhr er in die Stadt. Nur so konnte man die Sache unter Verschluss halten. Verliebt hatte er sich in die eine oder andere. Aber wirklich geliebt hatte er keine. Liebe war nichts, worauf man bauen konnte. Kein fester Baugrund, nur Sumpf und Torf und Tümpel.

Das hatte er jetzt davon. Vierzig Jahre. Nach vierzig Jahren lief sie ihm davon. Und Heikki, das Arsch, konfiszierte sein Gewehr!

Endlich erinnerte er sich wieder, warum er unten an der Vortreppe stand: die Kaninchenpistole. Sein Blick wanderte über den Hofplatz zum Hühnerhaus, zum Holzschuppen, zur Werkstatt. Zur Werkstatt! Da wollte er hin. Er tappte über Gras und Steine. Wo war eigentlich der Hund? Er war nirgends zu sehen. Matti hob die Hand und pfiff durch die Finger. Nichts.

»Scheiß drauf!«, murmelte er und ging hinüber zum Schuppen.

Bei der Tür tastete er nach dem Schlüssel, der unter dem Dach versteckt an einem Nagel hing, und öffnete. Der ätzende Geruch von altem Metall schlug ihm entgegen. Auf der Werkbank überzog eine dicke Staubschicht alles, was dort seit Langem unbenutzt lag. An der Wand hing Werkzeug in seinen Halterungen, in allen Ecken des Raums lagerten Holzteile, Pflöcke und anderes, das vielleicht irgendwann noch Verwendung finden konnte.

Es war düster in der Werkstatt. Matti drehte den Lichtschalter an und trat zum Schrank, der ursprünglich ein altes Küchenmöbel gewesen war. Er begann, die Schubladen eine nach der anderen herauszuziehen. Ungeduldig schob er den Inhalt zur Seite, um zu sehen, ob sich darunter irgendwo der Kaninchentöter verbarg. Bei den oberen Schubladen, die auf Griffhöhe lagen, war das kein Problem. Aber je tiefer er greifen musste, umso schwieriger wurde das Unterfangen. Sich bücken, das ging nun mal schlecht. Das ging fast gar nicht. So versuchte er, die unteren Schubladen mit dem Stock aufzuziehen und stocherte damit auch durch den Inhalt. Als er bei der letzten angelangt und ohne Fund geblieben war, hieb er mit dem Stock ärgerlich gegen das gestapelte Holz neben dem Schrank. Mit einem sonderbaren Ächzen fielen die Holzlatten um, und eine davon traf ihn an der Stirn.

»Teufel!«, fluchte er.

Er setzte sich erschöpft auf den Hocker, der neben der Werkbank stand und starrte den Schrank an, als könnte er ihm dadurch sein Geheimnis entlocken. Wo nur hatte er die Kaninchenpistole aufgehoben? Es stand nicht gut um ihn, wenn er sich nicht einmal daran erinnern konnte. Und doch war er sich sicher, dass die Waffe nirgendwo sonst sein konnte als hier in diesen Schubladen. Außer es hatte sie jemand gefunden und mitgenommen. Nein. Nein, das war nicht möglich. Das war ausgeschlossen. Olli? Märta gar? Blödsinn. Aber man konnte niemals wissen. Nein, nein. Sie musste hier sein. Hier und nirgendwo sonst. Er erhob sich mühsam und machte sich nochmals an den Schubladen zu schaffen. Er spürte, dass seine Schläfen pulsierten, wie immer, wenn er sich aufregte. Die zweite Schublade rechts, von oben gezählt. Sie musste es sein. Und sie war es auch. Weiß der Kuckuck, wie ungenau er beim ersten Mal gesucht hatte. Ganz hinten in der Ecke, eingewickelt in ein fleckiges Tuch, lag die Kaninchenpistole, versteckt, auf der Lauer, auch nach Jahren noch allzeit bereit, einem dieser mümmelnden Löffelträger das klopfende Herz aus dem Pelz zu pusten.

Matti faltete das Tuch auseinander. Es war nicht gerade eine *Smith&Wesson*. Nur ein kleines, schwarzes Ding, Kleinkaliber, einschüssig. Aber sie genügte dem Zweck. Und wenn einer etwas davon verstand, konnte er damit auch noch anderes erlegen außer zahmen Kaninchen.

Er nahm die Pistole in die Hand und war erstaunt, wie leicht sie wog. In der Erinnerung war sie schwerer gewesen. Die Erinnerung musste ein eigenes Gewicht haben. Sein Bruder kam ihm in den Sinn, Juha, der vor Jahren bei einem Jagdunfall ums Leben gekommen war. Im Grenzgebiet zu Russland war das gewesen. Wo ab und zu auch ein Bär vorbeikam. Juha war auf Elchjagd gewesen mit Kollegen. Ohne Jagdschein. Er und die beiden anderen hatten sich nie um Vorschriften gekümmert. So wenig wie Matti selber. Die Jäger hatten in einer

Hütte übernachtet und am Feuer wohl zu viel getrunken. Wahrscheinlich gab es aus irgendeinem Grund Streit. In der Frühe des folgenden Tages verfehlte einer seiner Kollegen den Elch. Geschossen hatten alle drei. Einer der Schüsse hatte Juha getroffen. Sauberer Blattschuss. Auf wessen Konto der tödliche Treffer ging, wurde nie herausgefunden. Juhas Geheimnis blieb in Karelien.

Matti steckte eine Patrone in die Waffe. Drei weitere Patronen ließ er in die Jackentasche gleiten. Auch die Waffe steckte er ein. Er schob die Schublade zu, ging zur Tür und löschte die Lampe. Als er vor die Tür trat, blendete ihn erneut das Tageslicht.

Märta

Nein, aufstehen wollte sie noch immer nicht. Wollte nicht die Geborgenheit der Decke aufgeben, den Rückzugsort, die Stille. Hier war ein Stück Ewigkeit, in diesem Zimmer, und sie wollte dieses Stück, das gerade nur ihr gehörte, nicht hergeben. Nicht jetzt, nicht sofort. Sie musste sich erinnern an das, was gewesen war. Wie es gekommen war, warum es so gekommen war, dass sie nun hier in Marjas Haus lag, im abgedunkelten Gästezimmer. An all die Jahre musste sie denken, die inzwischen vergangen waren, die an ihr vorbeigeflossen waren wie das Wasser im Bach, stets in dieselbe Richtung, ohne dass man es aufhalten konnte. Dem Quirlen des Wassers zuzusehen war beruhigend, es war auch unheimlich, dieser Sog, dem man sich nicht entziehen konnte. Trotzdem hoffte sie, dass sich die Tür noch lange nicht öffnete, weil dann das kleine Stück Ewigkeit, das sie festzuhalten versuchte, wie ein verletzlicher Sommervogel durch die Öffnung davonflattern würde.

Aus Trotz habe sie Matti geheiratet, aus reinem Trotz, hatte der Vater ihr vorgeworfen. Ja, was glaubte er denn? Dass sie sich ein zweites Mal einen Mann ausreden lasse, mit dem sie ihr Leben verbringen wollte? Es war ja der eigene Vater gewesen, der ihre Verbindung mit Pekka verhindert hatte. Und die Mutter hatte ihm beigepflichtet. Was war ihr auch anderes übrig geblieben. Davon abgesehen hatte Märta sich über ihre Eltern nicht beklagen können. Sie steckten in ihren Zwängen, sie mussten sehen, dass sie ihr Auskommen hatten. Für ihre Kinder wollten sie nur das Beste. Wollten nicht, dass eines von ihnen mit offenen Augen in sein Unglück rannte. So ließ es sich erklären. So erklärten sie es auch. Was hätte sie selber darum gegeben, wenn sie ihr eigenes Kind, wenn sie Olli in ein anderes Leben hätte führen können. Wie oft hatte sie um ihn geweint. Und sie hatte es für sich behalten müssen. Matti wurde nur wütend. Und Olli blickte sie verständnislos an. Es ging ihm doch gut.

Nein, sie hatte sich Matti nicht auch noch ausreden lassen, ihn, der ebenfalls um sie geworben hatte. Matti, den sie aber erst erhört hatte, nachdem Pekka aus dem Rennen war. Matti, den sie gar nie hatte haben wollen. Diesen Menschen, der schon vor ihrer Heirat als Raufbold und Trinker verschrien war.

»Besser als ein Krimineller«, wird sich der Vater schließlich gedacht haben.

Irgendwie musste er sich ja mit dem Willen seiner Tochter arrangieren. Und am Anfang war es doch noch einigermaßen erträglich gewesen. Matti hatte sich in seinem Sieg über den Widersacher gesonnt. Nicht, dass er Märta auf Händen getragen hätte, das hatte sie auch nicht erwartet.

Die ersten Jahre gingen rasch vorbei. Und dann war ja auch das Kind da, Olli, der Stammhalter zu aller Freude, ein lebhaftes, quirliges Kerlchen. Märtas Vater lachte brummend, wenn Olli ihm um die Beine schwirrte. Der Kleine war zu schnell, als dass der Großvater mit seinem steifen Bein ihn hätte schnappen können. Aber das störte den früh Gealterten nicht. Das steife Bein hatte ihn damals vor dem Einrücken in den Krieg bewahrt, hatte ihm also wahrscheinlich das Leben verlängert. Dass er dann doch bereits mit einundfünfzig starb – das Herz, die Leber – ersparte ihm, mit ansehen zu müssen, wie sich Ollis Weg verdüsterte und in die Irre führte.

Pekka ein Krimineller? Für das, was er getan hatte, wurde man nicht nur in diesem Land verurteilt. Er hatte gegen das geltende Recht verstoßen, da gab es nichts zu beschönigen. Aber er hatte es nicht aus schnödem Eigennutz getan. Sicher nicht. Niemals. Märta wusste es besser. Und eigentlich wusste es auch ihr Vater. Nur hätte der sich nie eingestanden, dass Pekka seinetwegen so gehandelt hatte. Dass er gar keine Wahl hatte, wenn er ernsthaft um Märtas Hand anhalten wollte.

»Wie will er dich aushalten?«, hatte der Vater gesagt. »Wovon wollt ihr leben? Er ist nur ein kleiner Bankangestellter ohne Chancen auf einen Aufstieg.«

Dazu kamen stets noch die Vorbehalte zu seiner Herkunft, zur Mutter, die ihn allein großgezogen hatte, ohne Vater, zu den dunklen Haaren, den seltsam geschnittenen Augen, die nicht aus der Gegend stammen konnten. Märta mochte es schon gar nicht mehr hören.

Dann war Pekka eines Tages mit einem Wagen vorgefahren, nicht gerade mit einem dieser Ami-Schlitten, aber doch mit einem respektablen, silbergrauen Opel *Kapitän.* Er hatte das Auto auf der Straße vor dem Haus abgestellt, sodass alle es sehen konnten. Auch die Nachbarn. Und er hatte ein paar Minuten verstreichen lassen, bevor er ausgestiegen war. Bis er sicher war, dass genügend Blicke hinter den Gardinen auf den fremden Wagen gerichtet waren, die alle darauf warteten, dass sich die Tür öffnete und der Unbekannte sich zeigen würde. Oh, es war kein Unbekannter, der ausstieg, es war Pekka. Pekka Savolainen, der kleine Bankangestellte, der es allen zeigte, hier und jetzt. Der mit dem eigenen Wagen vorfuhr und um die Hand seiner Zukünftigen anhalten wollte.

Aber der Vater war auf den Handel nicht eingegangen. Nur weil der Junge plötzlich Geld zu haben schien, war das noch lange kein Grund, von seiner bisherigen Haltung abzurücken. Wer wusste schon, woher das Geld denn kam. Märta sei nicht da, beschied er und ließ Pekka nicht ins Haus.

»Verdammt, was soll ich denn noch tun?«, regte sich Pekka auf, als Märta später am Tag bei ihm auftauchte.

»Vater sagt, das kann nicht mit rechten Dingen zugehen, dass du dir einen solchen Wagen leisten kannst«, berichtete Märta.

»Ist ja nicht sein Problem«, warf Pekka ein.

»Pekka, woher hast du das Geld?«

»Gehaltsaufbesserung.«

Er sah sie nicht an.

»Pekka …«

»Mensch, der Wagen ist doch nicht neu – war eine günstige Gelegenheit!«

»Aber das Geld?«

»Kann ich in Raten bezahlen.«

Märta blickte ihn nachdenklich an.

»Alles in Ordnung, Liebes«, beschwichtigte Pekka. »Mach dir keine Sorgen.«

Sie machte sich aber Sorgen. Auch wenn sie nicht mehr davon sprach. Auch wenn sie ihm gerne glauben wollte. Und sie machte sich zu Recht sorgen. Denn ihr Vater glaubte nichts von all dem, was Pekka gesagt haben sollte. Er zog Erkundigungen ein. Was immer das heißen mochte. Ob er Erfolg hatte damit, erfuhr Märta nie. Oder ob er gar der Auslöser war für Pekkas Verhaftung. Er hüllte sich in Schweigen.

Ja, Pekka war von der Polizei geholt und festgehalten worden. Er kam in Untersuchungshaft. Geld hatte er unterschlagen, von verschiedenen Konten auf ein eigenes abgezweigt. Die Beweise waren erdrückend, er gab alles zu. Märtas Namen erwähnte er nie. Dass er es nur um ihretwillen getan hatte. Dass er für sie alles getan hätte.

Sie sahen sich nicht wieder.

Natürlich war Matti der Erste, der es wusste und Märta darauf ansprach.

»Von wegen Bankangestellter – da siehst du, wo das hinführt in dieser besseren Gesellschaft!«, höhnte er.

Aber wenn er glaubte, er habe nun freie Bahn, so hatte er sich getäuscht. Märta ging ihm aus dem Weg, wo sie nur konnte. Und wenn es sich nicht umgehen ließ, so zeigte sie ihm die kalte Schulter. Mochte er quatschen, sie hörte nicht hin. Doch sie weinte nächtelang, weil Pekka ihr Glück verspielt hatte. Es war, als hätte er sie verraten. Obschon er das Gegenteil davon im Sinn gehabt hatte. Aber ja, ihr Vater bekam sein Recht: Einen Kriminellen konnte sie nicht heiraten, einen, der im Knast gesessen hatte.

Märta schob die Decke von sich und setzte sich mühsam auf. Wie es damals gewesen war, so war es auch jetzt. Einmal musste man aufstehen, einmal kam diese Stunde, dieser Tag, und wer nicht aufstand, der blieb für immer liegen. Sie blickte hinüber zum Fenster, wo das Nachmittagslicht seltsame Figuren in die Falten des Vorhangs zeichnete.

Dieser Pekka ist kein Umgang für dich, hatte der Vater damals gesagt. Und wenn sie sich in all den Jahren mit Matti auch immer wieder Pekka an ihre Seite gewünscht hatte, so musste sie sich doch eingestehen, dass Vaters Worte nicht ganz aus der Luft gegriffen waren. An den silbernen Kugelschreiber erinnerte sie sich ganz gut. Damit hatte es angefangen. Vielleicht auch schon früher, nur hatte sie es nicht bemerkt, wie sie so vieles erst später bemerkt hatte.

»Wo hast du den her?«, hatte sie wissen wollen, als Pekka ihn nach der Schule hervorholte und damit vor Märtas Augen spielte.

»Der gehört doch Mika«, stellte sie fest.

»Er hat ihn mir ausgeliehen«, sagte Pekka.

»Ausgeliehen? Das glaubst du doch wohl selbst nicht!«, sagte Märta. Sie hatte genau gesehen, dass Mika beunruhigt nach etwas gesucht hatte in seinem Schulranzen.

»Nun ja, es brauchte etwas Überzeugung, dass er ihn mir gab«, sagte Pekka schulterzuckend.

»Du bringst das auf der Stelle zurück!«

»Wozu? Er kriegt von seinem reichen Vater schon morgen einen neuen Schreiber.«

»Du tust unrecht«, sagte Märta.

»Unrecht ist, dass nicht alle einen reichen Vater haben«, entgegnete Pekka.

Märta hatte nur den Kopf geschüttelt. Zu Hause hatte sie gelernt, dass nur ehrliche Arbeit zum Ziel führt. Aber reich wurde man damit nicht. Auch nicht mit dem Kleinhandel, den Pekka während der Schulzeit den Mitschülern gegen Bezahlung anbot: Bleistifte, Radiergummis, Notizhefte, Krimskrams. Wo und wie er die Dinge beschaffte, wusste Märta nicht.

»Import«, grinste Pekka nur, wenn sie ihn fragte. Aber an Geld schien es ihm nie zu mangeln.

Märta rieb die Füße aneinander und presste die Zehen zusammen. Mattis Triumph war rascher gekommen, als sie, als er selber hatte ahnen können. Was ihr nie auch nur einen Gedanken wert gewesen war, war von einem Tag auf den anderen zur einzigen Option geworden. Der Wegweiser am Straßenrand

hatte nur noch diese eine Richtung angegeben. Und wie damals gab es auch jetzt kein Zurück. Wie sie den Schritt zu
Matti hin getan hatte, würde sie ihn nun von ihm weg machen. Endlich war die Zeit gekommen. Wie es weitergehen
sollte, wusste sie nicht. Aber nun gab es keinen Weg mehr
zurück.

Nein, sie hatte Matti nicht aus Trotz geheiratet. Sie hatte
keine Wahl gehabt. Sie hatte einen Vater gebraucht für das
Kind, das sich in ihrem Bauch eingenistet hatte.

Henrik

Er hatte die Kolonne, die auf der Gegenfahrbahn vor der Ampel wartete, hinter sich gelassen. Bald tauchten die ersten Häuser von Torittu auf. Im Ort bog er nach Korkee und dem Vehkajärvi-See ab. Ein gutes Fischgewässer. Ja, er hätte viel darum gegeben, jetzt im Boot sitzen zu können und die Angel auszuwerfen. Die einfachen Handgriffe, den Zapfen zu setzen, das Blei einzustellen, den Köder zu befestigen. Und dann zu warten, die Ruhe des Wassers auf sich wirken zu lassen, das Licht, das seine ganze Farbpalette über den See und die umliegenden Wälder ausgoss. Dem Zapfen zuzusehen, der bei der geringsten Bewegung kleine Kreise über das Wasser ausbreitete, und daneben die größeren Kreise, wenn ein Fisch blitzschnell auftauchte und nach einem Insekt schnappte. Ab und zu zupften sie auch am Köder, aber oft zeigte keiner Lust, wirklich zuzubeißen.

Henrik war's egal. Er brauchte keinen Beutezug. Obschon Annika seine Barsche wunderbar in Butter zu braten verstand. Tja, jetzt waren sie bereits fünf Jahre zusammen, und er hatte sich in die Rolle des Ersatzvaters ganz gut eingefunden. Gut, es gab Dinge, da hielt er sich heraus. Das musste die Mutter mit ihren Kindern ausmachen. Aber es war gut, so wie es war, und er wollte nicht, dass sich etwas daran ändern würde.

Als aus einem Waldweg unerwartet ein Motorrad in die Straße einbog, musste er abrupt bremsen. Für einen Augenblick spürte er die Wut in sich hochsteigen, dass der Kerl sich nicht einmal von einem Polizeiwagen beeindrucken ließ. Aber ihn verfolgen und stellen? Vielleicht hatte ja seine eigene Aufmerksamkeit gelitten, in Gedanken versunken, wie er gewesen war.

Matti Nieminen – Zu was wäre der Alte denn alles fähig? Da tauchte ein anderer Vorfall aus der Vergangenheit auf. Er hatte sich im Winter vor zwei Jahren ereignet. Über Nacht war damals der Schnee auf das Land gefallen, lautlos, und hatte eine undurchdringliche Decke ausgebreitet, die alles erstickte. Der Verlauf der Straßen und Wege war nur noch dank der Markierstangen zu erahnen. Die Giebel der rot gestrichenen Häuser hatten breitkrempige Kopfbedeckungen und erinnerten an geduckte Weihnachtsmänner. Als es in den folgenden Tagen klar wurde und beißend der Frost einfiel, hing den Leuten der Atem weiß am Mund.

»Hier ist in den letzten zwanzig Jahren keiner mehr erfroren«, bemerkte Jussi, der Wirt, als Henrik Nyström in die Kneipe trat.

Henrik konnte nicht wissen, was vorher gesprochen worden war. Aber er konnte es sich denken. Es waren stets dieselben Wortgefechte. Oder dasselbe Schweigen.

»Was wisst ihr schon von Väterchen Frost«, wird der alte Turunen gemümmelt haben, und seine Hand wird dabei so gezittert haben, dass er die Hälfte vom Inhalt seines Schnapsglases über die fleckige Hose verschüttet hatte.

»Hab mir im Winter neununddreißig ganze sechs Zehen abgefroren.«

»Und erst noch alle am linken Fuß – ja, ja, die Geschichte kennen wir«, wird ihn Jussi unterbrochen haben.

Er kannte seine Stammgäste, Turunen, Strömberg, Hasanen und all die anderen. Kriegsveteranen, Hochstapler, Bankrotteure und Melancholiker.

»In Russland sind in den vergangenen Tagen bereits siebenundzwanzig Leute in der Kälte umgekommen«, wird er gesagt haben. »Also bleibt mir mit euren alten Geschichten vom

Hals! Hier jedenfalls ist in den letzten zwanzig Jahren keiner …«

»Doch, leider«, widersprach Henrik und setzte sich zu den anderen.

»Ach, die Polizei weiß es wieder einmal besser«, schnödete Jussi, stellte ihm aber unaufgefordert ein Glas hin.

»Manchmal wäre es besser, die Polizei verfügte über den Wissensstand der Kneipenwirte«, gab Henrik zurück.

Jussi verzog das Gesicht zu einem Grinsen.

»Ja«, sagte Henrik, »wie soll ich es sagen? – Deine Tochter«, wandte er sich an Strömberg, »wir haben sie gefunden. Heute früh. – Mein Beileid.«

Strömberg blickte ihn mit glasigen Augen an und schien nicht zu verstehen.

»In der zerfallenen Hütte am Rand von Haukilahti, der Hechtebucht«, erklärte Henrik. »Leena muss dort Zuflucht vor dem Schneesturm gesucht haben.«

Strömberg wich seinem Blick aus.

»Was sie dort draußen gesucht haben mag um diese Jahreszeit?«, meinte Hasanen kopfschüttelnd.

»Die Hur«, murmelte Strömberg. Und kaum vernehmlich: »Gott steh ihr bei …«

Henrik sah ihn aufmerksam an.

»Hast du etwas dazu zu sagen?«, fragte er.

»Das geht dich einen feuchten Dreck an!«, fuhr Strömberg auf und stieß im Aufstehen den Stuhl um.

Er warf ein paar Münzen auf den Tisch und stapfte hinaus. Es fiel Henrik nicht ein, ihn aufzuhalten.

Später fuhr er hinaus zu Strömbergs Haus. Es lag nicht im Ort, sondern etwas abseits von der Landstraße, mitten in einem Birkenwald.

Man konnte nicht behaupten, dass Leena eine Dorfschönheit gewesen wäre, aber sie hatte etwas Anziehendes gehabt, eine Art mädchenhafter Weiblichkeit, die keinen Mann unberührt ließ. Jetzt war sie tot. Erfroren. Sie hatte sich in einer Ecke der Seehütte zusammengekauert. Hart wie Granit war sie gewesen, als sie sie angefasst hatten, Niskanen und er. Ihre Augen waren Kugeln aus Eis. Henrik wusste sofort, dass er ihrem Anblick in seinen Träumen wieder und wieder begegnen würde.

Vor Strömbergs Haus bellte wütend der Hund, als Henrik aus dem Wagen stieg. Er hatte einige Mühe, sich den Köter von Hals und Waden fernzuhalten. Mehrmals klopfte er an die Küchentür und das angrenzende Fenster. Im Haus regte sich nichts. Schließlich drückte er die Klinke herunter und stellte fest, dass die Tür nicht abgeschlossen war. Er stieß sie auf und trat ein. Es roch betäubend nach angebranntem Kohl.

Im trüben Licht erkannte er erst nach einer Weile, dass am Küchentisch jemand saß. Es war Strömbergs Frau.

»Ja«, sagte er, »es kam niemand, da erlaubte ich mir einzutreten.«

Die Frau rührte sich nicht.

»Es tut mir leid wegen deiner Tochter«, sagte er. »Aber da war nichts mehr zu machen.«

Sie antwortete nicht. Henrik wusste nicht, ob sie ihn überhaupt gehört hatte.

»Ja«, sagte er, «du kannst dir denken, dass ich dazu noch ein paar Fragen stellen muss.«

Sie reagierte immer noch nicht. Er suchte nach dem Schalter und machte das Licht an. Mit einem kleinen Knall leuchtete die Neonröhre an der Decke auf und tauchte die Küche in grelles, kaltes Licht. Die Frau saß reglos am Tisch und starrte an ihm vorbei.

»Mach das Licht aus«, hörte er sie plötzlich sagen.

Es war mehr ein Flüstern. Er tat ihr den Willen. Vielleicht würde ihr die Dunkelheit den Mund öffnen. Aber es kam nichts.

»Dann gehe ich mal wieder«, sagte Henrik, nachdem er eine Weile im Finstern gewartet hatte.

Er schloss die Tür behutsam hinter sich, als hätte die Frau ihm jeglichen Lärm untersagt.

»Der Chef ist nicht da«, sagte Jaako, der Angestellte, den er auf dem Hof traf.

Er war ein entfernter Verwandter der Nieminens, soweit Henrik wusste.

»Schade um Leena«, sagte Henrik.

Jaako kratzte den Schmutz von den Stiefeln und beachtete ihn nicht.

»Sie wird fehlen hier auf dem Hof«, sagte Henrik.

»Was musste sie auch diesem hergelaufenen Russen schöne Augen machen«, gab Jaako mürrisch zurück.

»Sergej?«, fragte Henrik. »Aber der ist doch schon vor Jahren in die Gegend gekommen.«

»Wir halten hier nichts von den Russen«, sagte Jaako und packte die Spitzhacke, um die Eiskruste aufzubrechen, die sich auf dem Vorplatz gebildet hatte.

»Ist das deine Meinung oder die deines Chefs?«, wollte Henrik wissen.

»Ich bin hier angestellt«, sagte Jaako, ohne aufzublicken. »Der Rest ist meine Sache.«

»Natürlich«, nickte Henrik.

Gerne hätte er Jaako noch gefragt, ob er in Leena verliebt gewesen sei. Er ließ es aber angesichts der Hacke in dessen Händen bleiben. Er grüßte wortlos und ging zum Wagen. Eigentlich wusste er genug. In der Kneipe hatte Jussi ihn vorher bestens informiert.

Leena war schwanger gewesen, das *Russenflittchen,* wie er hinter vorgehaltener Hand geraunt hatte. Und Strömberg, ihr Vater, hatte sie, mitten im Winter, aus dem Haus geworfen. So einfach war das gewesen.

»Und diesen Mann hast du laufen lassen?«, warf ihm Annika vor, als er am Abend von Leena Strömbergs tragischem Tod erzählte.

»Was hätte ich denn deiner Ansicht nach tun sollen?«, erwiderte er. »Ihn verhaften? Und nach vierundzwanzig Stunden mangels Beweisen wieder freilassen? Ich hätte mich nur lächerlich gemacht.«

»Ja, du wolltest dich nicht lächerlich machen«, sagte Annika, »das kann man verstehen. Ein Mann will sich nicht lächerlich machen.«

»Es ging ja nicht einzig darum«, wehrte Henrik ab.

»Mir ist ein lächerlicher Polizist und Ehemann lieber als noch ein Toter im Ort«, sagte sie hart.

Henrik sah sie erstaunt an.

»Wie soll ich das verstehen?«

»Wie soll ich das verstehen – mein Gott! Du kennst doch Strömberg, seinen Jähzorn, seine Gewaltausbrüche. Er ist es, der seine Tochter in den Tod getrieben hat. Aber er wird einen Schuldigen suchen. Damit er, aus seiner männlichen Logik, den Verlust der Tochter rächen kann.«

»Es liegt im Augenblick nichts gegen ihn vor«, gab Henrik zu bedenken. »Ich kann ihn nicht in Vorbeugehaft nehmen.«

Annika schloss resigniert die Augen. Henrik griff nach der Fernbedienung für das TV-Gerät.

»Wenn ich ihn aus einem nichtigen Vorwand einsperre, kommt er spätestens nach einigen Tagen wieder frei«, fügte er hinzu. »Und seine Wut wird sich dann auf einen noch größeren Personenkreis ausdehnen. Um es mal so zu sagen.«

Annika stand auf und ging hinaus. Es war besser, man ließ sie in Ruhe. Unentschlossen zappte er durch die Sender. Immerhin gelang es ihm, der Versuchung zu widerstehen und aus dem Kühlschrank eine weitere Dose Bier zu holen.

Es ging bereits gegen zehn Uhr, als sein Handy klingelte. Niskanen hatte Abenddienst.

»Ich störe nicht gern«, sagte er, »aber da ist etwas mit Strömberg geschehen. Dieser Sergej, dieser Russe ist da. Er ist verletzt und behauptet, er habe in Notwehr gehandelt.«

»Ruf in Lahti an«, wies Henrik ihn an, »sie sollen jemanden schicken. Ich komme.«

»Die Ambulanz ist schon unterwegs«, sagte Niskanen, bevor er auflegte.

Annika sah Henrik fragend an. Er wich ihrem Blick aus.

»Die Rache gehört Gott allein«, sagte er mehr zu sich selber, während er in den Flur ging, um in Jacke und Stiefel zu schlüpfen.

»Er ist unbarmherzig, nicht nur als Rächer«, rief sie ihm nach.

All die Dramen, in die er sich einmischen musste, die auf ihn warteten, die offenen und die verborgenen. Warum tat er sich das eigentlich an. Manchmal war es fast nicht zu ertragen. Was war nur los mit den Männern in diesem Land? Die Frage hatte Henrik sich immer wieder gestellt. Und er hatte sich selbst dabei keineswegs ausgenommen. Er wusste, was er Annika zu verdanken hatte.

Er hatte die lange Gerade nach Korkee hinter sich und bog ab in Richtung Kasiniemi. In wenigen Minuten würde er bei Nieminen sein. Er wusste nicht, was ihn dort erwartete. Und plötzlich ging ihm durch den Kopf, was denn gewesen wäre, wenn der Alte statt eines Sohnes eine Tochter gehabt hätte?

Matti

Matti musste sich auf die Bank setzen vor der Werkstatt. Ihm schwindelte erneut. Es war nicht nur das Licht, das ihn blendete. Er erinnerte sich nicht, wann er zuletzt etwas gegessen hatte. Mit Märta hatte seine Appetitlosigkeit nichts zu tun. Das hatte schon früher begonnen. Die Flasche enthielt alles, was er brauchte. Essen ekelte ihn beinahe. Und der desolate Zustand seiner restlichen Zähne ließ eine rein flüssige Ernährung als durchaus zweckmäßig erscheinen.

Er lehnte mit dem Rücken an dem warmen Holz der Fassade. Hinter seiner Stirn kamen all die Signale zusammen aus den verschiedenen schmerzenden Körperregionen. Der Stock, den er jetzt mit beiden Händen umfasst hielt, zitterte wie ein vom Wind gebeutelter Fahnenmast.

»Verfluchter Teufel!«, murmelte er und wusste nicht, wen genau er damit meinte.

Manchmal nützte allein das Fluchen und brachte Linderung, brachte Klarheit in den Kopf. Und die Oberhand zurück über den dürftigen Rest an unversehrter Körperlichkeit, der ihm geblieben war.

Natürlich wusste er, dass er damals, vor vierzig Jahren, nur zweite Wahl gewesen war. Märta hatte ihn aus Trotz geheiratet, nicht aus Liebe. Ausschlaggebend war nur gewesen, dass der andere, Pekka, durch die gerichtliche Obrigkeit aus dem Rennen genommen worden war. Um ihrem Vater eins auszuwischen, hatte Märta sich dem bisher chancenlosen Konkurrenten an den Hals geworfen. Buchstäblich. Dass das nicht mit rechten Dingen zugehen konnte, war ihm erst im Nachhinein bewusst geworden. Blöd, wie er war. Er hatte sich von ihrer überraschenden Leidenschaft mitreißen lassen. Welcher Mann in seiner Situation hätte das nicht getan? Die Rechnung folgte keine neun Monate später. Olli, der Balg. Eine Frühgeburt. Der Arzt hatte es bestätigt. Das war ja dann wohl die Strafe.

Er öffnete die Augen, blinzelte, schloss sie wieder. Es ging nicht. Alles war viel zu grell. Obschon – es waren doch nur seine Augen, die dieses Helle nicht ertrugen. Teufel auch! Er wollte sie lehren, diese Augen! Sich ihm zu widersetzen! Noch zählte der Wille. Sein Wille. Und er riss die Augen auf.

Das Licht stach unbarmherzig zu. Wie mit tausend Nadeln. Matti zuckte zurück, kam wieder ins Blinzeln. Verdammt! Er nahm die Hände zu Hilfe und drückte die Augenlider nach oben. Eben. Ging doch!

Ja, er war nur zweite Wahl gewesen. Und wer weiß, was geschehen wäre, hätte er nicht den Zeitpunkt von Pekkas Haftentlassung in Erfahrung gebracht. Dass der Kerl, dieser Hehler, sich nicht mehr im Ort zeigen durfte, war ihm wohl selber klar. Er würde sich davonmachen, daran zweifelte Matti keinen Augenblick, würde sich absetzen in eine große Stadt, wo ihn niemand kannte, wo keiner von seiner Geschichte wusste. Aber, und daran zweifelte Matti ebenso wenig, es war nur eine Frage von Tagen, bis er den geeigneten Augenblick nutzen und bei Märta auftauchen würde.

Matti war auf der Hut. Er rechnete mit allem. Dass der Kerl frech am helllichten Tag auf dem Hof erschiene. Ja, er traute ihm das zu. Aber wahrscheinlicher war, dass er die Dämmerung zu seiner Verbündeten machen würde, die Nacht. Er würde versuchen, Märta mit einem triftigen Grund vom Hof wegzulocken. Zu einem Stelldichein.

»Ja, komm du nur«, dachte er grimmig. »Ich werde auch zur Stelle sein, Füchslein – mir machst du nichts vor!«

Matti hob den Stock in die Höhe und stieß ihn hart auf den Boden. Der Schmerz zuckte durch die verletzte Hand.

Nein, es hatte keine drei Tage gedauert, bis Märta vorgab, zu Marja gehen zu wollen. Dass Matti nicht mitkommen würde, davon durfte sie ausgehen. Er tat alles, um seinem Schwager nicht begegnen zu müssen. Märta hatte sich den kleinen Olli vor die Brust gebunden und das Fahrrad bis hinauf zur Landstraße geschoben. Erst dort war sie aufgestiegen und in die Pedale getreten.

Matti war ihr natürlich gefolgt. Er wollte nichts dem Zufall überlassen. Er war sich sicher, dass Märta zu Pekkas Mutter fahren würde. Umso erstaunter war er, als sie tatsächlich den Weg zu ihrer Schwester einschlug. Aber das konnte immer noch bedeuten, dass sie nur hinfuhr, um das Kind dort in Obhut zu geben. Genauso musste es sein. Er hatte sie durchschaut.

Der Nachmittag am Saum des Waldes, in Sichtweite zu Marjas und Artos Haus, wurde ihm lang. Niemand kam, niemand ging. Sie saßen draußen, auf der Terrasse, tranken Kaffee, aßen wohl Selbstgebackenes und redeten. Dazwischen musste der Kleine gestillt und gewickelt werden. Beinahe hätte Matti den richtigen Augenblick, um abzuhauen, verpasst, damit er noch rechtzeitig vor Märta zu Hause war.

Die Schwestern hatten vereinbart, dass sie gemeinsam für den Kirchenbasar stricken würden, berichtete Märta. Im Gemeindesaal, zusammen mit anderen Frauen des Ortes. Immer Mittwochabends. Und der Pastor würde mit ihnen dazu einige Lieder singen.

»Der Pastor«, sagte Matti. »So?«

»Du wirst doch für den Kleinen da sein?«, fragte Märta. »Ich meine, er schläft ja dann wohl.«

Matti zuckte die Schultern. Mehr war an Zustimmung nicht von ihm zu erwarten.

Olli schlief tatsächlich, als Märta am Mittwochabend das Haus verließ. Matti dachte nicht im Traum daran, bei dem kleinen Schreihals zu bleiben. Wieder folgte er Märta. Sie fuhr in den Ort. An Marjas Haus fuhr sie vorbei. Auch beim Gemeindesaal wollte sie nicht abbiegen. Spätestens jetzt war klar, wohin sie ging.

Er kehrte um. Trat in die Pedale, dass der Schotter von der Fahrbahn spritzte. Er würde es ihr austreiben, der Hur! Er würde sie strafen. Mit ihm, Matti Nieminen, konnte man so nicht umspringen. Er war nicht einer, der ohnmächtig zusah, wie ihm die eigene Frau Hörner aufsetzte. Er nicht! Er würde ihr das Spielzeug wegnehmen. Genau! Sie würde nie mehr einen Grund haben, im Gemeindesaal stricken zu wollen. Und dafür noch den Pastor zu bemühen. Oh, nein!

Noch bevor er die Haustür öffnete, schlug ihm das Geschrei des Kleinen entgegen. Der Junge lag in seinem Bettchen, nassgeschwitzt und stinkend. Und als er ihn da liegen sah, keimte in ihm plötzlich ein übler Gedanke. Weiß der Teufel, aber er konnte ihn nicht verdrängen. Er ging in die Küche, holte die Schnapsflasche und ging hinüber in die Werkstatt.

Irgendwann ebbte das Geschrei ab und verstummte. Der Junge war wohl aus Erschöpfung eingeschlafen.

Er hatte nichts dem Zufall überlassen, damals. Kein Wort zu Märta. Vorher nicht und nachher nicht. Er griff mit der Hand in die Tasche und tastete nach den Patronen. Er hatte oft auf den Fuchs geschossen. Der Fuchs hatte ihn unzählige Male gefoppt und zum Narren gehalten. Bis auf dieses eine Mal. Er verzog den Mund zu einem schmerzlichen Grinsen.

***

Es ist Nacht. Der Fuchs hat den Wald verlassen. Er bewegt sich jetzt über das offene Feld. Bis hierher ist ihm der Mann gefolgt. Nun bleibt er stehen, im Schatten der letzten Bäume. In einiger Entfernung blinken die Lichter des Ortes, die Straßenbeleuchtung. Es muss kurz vor Mitternacht sein. Nur aus zwei, drei Fenstern quillt noch Licht.

Der Fuchs hinterlässt eine schnurgerade Spur. Im Mondschein leuchtet sein Fell und weist dem Mann den Weg. Beide achten sie darauf, dass sich der Abstand zwischen ihnen nicht verändert.

Der Mann glaubt nicht, dass der Fuchs den Verfolger wahrgenommen hat. Jetzt ist der Fuchs im Ort. Er schleicht durch die Vorgärten und nutzt den Schattenwurf der Häuser. Am Fuß einer Vortreppe bleibt er stehen. Bewegungslos. Im Dachgeschoss des Hauses ist ein kleines Fenster erleuchtet. Der Fuchs bleibt ein Schatten unter Schatten. Als warte er, bis der Mann den Ortsrand erreicht hat. Dann, plötzlich, richtet er sich auf. Auf den Hinterläufen steht er, groß wie ein Mensch. Er steigt die drei Stufen die Treppe hinauf und macht sich an der Tür zu schaffen.

Auf diesen Augenblick hat der Jäger gewartet. Lange. Ein halbes Leben lang. Der Schuss zerreißt die Nacht. Die Jagd ist zu Ende. Jetzt muss sich der Jäger nur noch den Pelz vom Hals schaffen.

***

Olli

Kai ging nicht ans Telefon. Olli versuchte es mehrmals. Vergeblich.

»Verdammt, Mann, geh schon ran!«

Wütend stieß er mit dem Fuß gegen die Stoßstange. Was sollte er jetzt tun? Er blätterte die gespeicherten Adressen auf dem Handy durch. Erkki! Klar, an den hatte er nicht gedacht. Erkki war ihm noch etwas schuldig. Also schuldig – sie hatten sich früher oft mit Gras ausgeholfen, wenn Not am Mann war. Aber genau genommen war das länger her. Nicht in Monaten zu rechnen jedenfalls. Und wer wem was schuldete, war auch nicht mehr zweifelsfrei auszumachen. Egal. Er rief die Nummer auf.

»Was? Wer? Olli, du? Nein wirklich! Lange nicht gesehen. Wo brennt's?«

»Tja, du«, sagte Olli, »ich hab da ein kleines Problem …«

»Sonnenklar«, sagte Erkki, »deswegen rufst du ja an.«

»Ich steck mit der Karre fest.«

»Wo?«

»Vor Arrakoski.«

»Scheiße«, meinte Erkki. »Aber du, ich bin gerade in Helsinki.«

»Ja, Scheiße«, sagte Olli, »ich dachte, du könntest vielleicht …«

»Klar, immer, außer diesmal.«

»Klar«, nickte Olli und wusste nicht, warum er nickte, wenn der andere es doch gar nicht sehen konnte.

»Aber weißt du was?«, sagte Erkki. »Ruf Osmo an, du weißt, der Kerl vom Laden. Wenn er kann, kommt er sicher.«

Olli tippte die Nummer in sein Handy.

»Okay«, sagte er. »Danke.«

»Mach's gut!«, sagte Erkki.

Osmos Telefon war ausgeschaltet.

Bitte rufen Sie später an.

Olli hieb mit der Faust auf die offene Kühlerhaube, dass es knallte. Drecks-Karre! Blieb nur noch der Pannendienst.

»Ja«, sagte der Mann, der den Anruf entgegennahm, »du hast Glück, wir haben gerade jemand in Padasjoki. Ich schick ihn her – wo bist du genau?«

Olli beschrieb die Stelle.

»Kann aber einen Augenblick dauern«, sagte der Mann.

»Klar«, sagte Olli.

Nun, so lange würde es sicher nicht dauern. Von Padasjoki waren es keine zehn Kilometer. Olli lehnte sich gegen die Wagentür und steckte sich eine Zigarette an. Nur ganz ruhig jetzt. Der Typ vom Pannendienst würde das schon hinkriegen. Und er hatte ja Zeit. Den Umweg über Harmoinen konnte er natürlich auch weglassen. Kein Kuss von Tante Marja. Auch egal. Obschon er vielleicht auch dort noch etwas hätte lockermachen können. Für eine Handvoll Gras hätte es sicher gereicht. Der Gedanke daran machte ihn unruhig. Er blickte auf die Uhr. Keine fünf Minuten waren vergangen. Er schob sich von der Tür weg und ging in kleinen, abgehackten Schritten um das Auto herum. Einmal rechts herum, einmal links herum, im Mundwinkel die Zigarette, von der die Asche bröselte.

Verdammt, warum tat er das? Es lag an der Zeit. Von einer Sekunde auf die andere konnte sie vom Freund zum Feind mutieren. Ohne Vorwarnung. Er blieb vor der geöffneten Motorhaube stehen und blickte wütend in die Innereien der Technik.

Eine halbe Stunde und drei Zigaretten später fuhr der Abschleppwagen vor.

»Hallo«, sagte der Mann.

Er trug einen dunkelgrünen Overall und mochte um die fünfzig sein.

»Ältere Jungfer«, sagte er spöttisch und klopfte mit seiner Pranke auf das Dach von Ollis Volvo. »Kann ich mal den Schlüssel haben?«

»Steckt«, sagte Olli.

Der Mann setzte sich hinter das Steuer und schaltete die Zündung ein. Einmal, zweimal. Nichts geschah. Er stieg wieder aus, holte aus seinem Wagen ein Akku-Gerät und schloss es an die Batterie von Ollis Wagen.

»Setz dich mal rein und schalt die Zündung ein«, befahl er.

»Tja«, meinte er, als der Motor nicht ansprang, »dann haben wir ein größeres Problem.«

Er löste die Kabel und trug das Akku-Gerät zurück.

»Ich muss die Karre mitnehmen«, sagte er, als er wieder kam.

Er klappte die Motorhaube zu, zog ein Stahlseil vom Anhänger zu Ollis Wagen und befestigte es.

»Setz dich wieder rein«, sagte er. »Ich zieh dich jetzt auf den Anhänger hoch.«

»Handbremse lösen und Gang rausnehmen«, rief er, während er den Aufrollmechanismus des Seils einschaltete.

Das Seil straffte sich und zog Olli mit seinem Wagen auf die Ladeplattform.

»Leg den ersten Gang ein und zieh die Handbremse wieder an«, wies er Olli durch das heruntergekurbelte Fenster an, als das Auto stand. Er löste das Stahlseil und rollte es auf. Während Olli ausstieg und von der Plattform sprang, befestigte er die Wagenräder des Volvos am Boden der Ladefläche.

Olli nahm auf der Beifahrerseite des Abschleppwagens Platz und wartete, dass der Fahrer zustieg.

»So«, sagte dieser und quetschte sich hinter das Steuer.

Bevor er losfuhr, zündete er sich eine Zigarette an und hielt auch Olli die Packung hin. Während sie rauchten, sagte keiner etwas.

»Was könnte es denn sein?«, fragte Olli schließlich.

»Was?«

»Na, die Karre – wo könnte das Problem liegen?«

Der Fahrer zuckte die Schultern.

»Der Motor wahrscheinlich. Die Elektronik kann's beim Alter deiner Kiste ja wohl kaum sein. Wie alt ist sie denn eigentlich?«

»Fünfzehn Jahre«, sagte Olli.

Der Fahrer lachte.

»Glaubst du wohl selber nicht!«

»Zwanzig«, sagte Olli, »was weiß ich.«

»Kann sein, dass sie nicht mehr auf die Beine kommt«, meinte der Fahrer.

»Scheiße!«, fluchte Olli.

»Na, mal langsam«, sagte der andere. »Erst mal kommt sie in die Werkstatt.«

»Ich muss aber dringend nach Kasiniemi«, sagte Olli. »Mein Vater ...«

»Ist was mit dem alten Herrn?«, fragte der Fahrer.

»Tja«, sagte Olli und wusste nicht, wie er fortfahren sollte.

»Ist er krank?«

»Krank? Nun ja, krank ... Ich muss nach ihm sehen.«

»Schöner Zug von dir«, meinte der Fahrer. »Ist nicht selbstverständlich, dass sich die Jungen um ihre Alten kümmern.«

»Ja«, sagte Olli.

»Du kannst einen Leihwagen bekommen«, sagte der Mann. »Dann schaffst du es trotzdem.«

»Oh«, sagte Olli, der gar nicht mit dieser Möglichkeit gerechnet hatte. Aber nach der ersten Erleichterung sank seine Laune gleich wieder.

»Aber die Kosten …«, sagte er.

»Du kriegst eine entsprechende Himmelfahrtskutsche wie die deine«, lachte der Fahrer. »Die sind fast geschenkt.«

»Okay«, sagte Olli und sank in seinen Sitz zurück.

Märta

Märta erinnerte sich, dass die Lehrerin in der Schule die Geschichte der kleinen Marjatta erzählt hatte. Eine Geschichte aus dem alten Buch des Kalevala. Marjatta, das Mädchen, war in den Wald gegangen und hatte eine Preiselbeere gegessen. Von der Preiselbeere war ihr Leib angeschwollen, hatte an Umfang zugenommen, bis alle sehen konnten, dass sie schwanger war. Schwanger von einer Preiselbeere!

»Darum hütet euch vor dem Wald, Mädels!«, hatte die Lehrerin gesagt. »Hütet euch vor allem, was nach Mann riecht und gibt es auch vor, nur eine Preiselbeere zu sein!«

Das war lange her, sehr lange. Aber sie wusste noch, dass sie es damals nicht wirklich verstanden hatte. Trotzdem war ihr die Röte ins Gesicht gestiegen, weil die Jungen in der Klasse blöde gelacht hatten.

Doktor Lehtonen war der Einzige gewesen, der von Märtas Schwangerschaft gewusst hatte. Märta hatte ihn schluchzend darum gebeten, den errechneten Geburtstermin zu ändern, sodass das Kind als Frühgeburt bezeichnet werden konnte. Sie ihrerseits würde alles tun, um die Schwangerschaft so lange wie möglich zu verheimlichen. Bis jeder Zweifel an Mattis Vaterschaft ausgeräumt wäre.

»Eine vertrackte Geschichte«, meinte der alte Hausarzt, der eigentlich schon Rente hätte beziehen können.

Er runzelte die Stirn.

»Manchmal dauert es etwas, bis man die gute Seite einer Geschichte wahrnimmt«, fügte er hinzu. »Aber für heute bleibt uns wohl nichts anderes übrig, als uns gemeinsam gegen den Rest der Welt zu verschwören.«

Und Märta hatte zwischen den Falten in seinem Gesicht das Lächeln eines Verbündeten gesehen.

Märta tastete mit den Füßen nach den Pantoffeln, die ihr Marja gegeben hatte. Sie schlüpfte hinein und stand auf, etwas unsicher im ersten Augenblick. Aber sie hatte sich entschieden aufzustehen, endlich, also wollte sie das nun auch. Und die Beine hatten bitte schön zu gehorchen. Nicht viel hätte gefehlt und sie hätte sie direkt angesprochen, ihre Beine.

»Nun«, hätten die Leute gesagt, »spricht sie schon mit sich selbst.«

Nein, tat sie nicht. Gewiss nicht. Zweiundsiebzig war ja eigentlich noch kein fortgeschrittenes Alter heutzutage.

Sie ging mit vorsichtigen Schritten hinüber zum Fenster. Die Pantoffeln waren ihr ein bisschen zu groß, und sie musste die Zehen krümmen, damit ihr die Hausschuhe nicht von den Füßen rutschten.

Sie zog die Gardine beiseite und blickte hinaus. Der Tag hatte sich getrübt, eine Wolkenschicht hatte sich unter den Sommerhimmel geschoben und ließ auf den Abend hin wohl Regen erwarten.

Die Wäsche, die Marja zum Trocknen aufgehängt hatte, war bereits abgenommen und verschwunden. Drüben beim Holzschuppen war die Axt zur Ruhe gekommen, dafür hatte das geschichtete Holz unter dem Vordach deutlich an Höhe zugenommen.

Als sie sich ein wenig vorbeugte, um bis hinüber zur Straße sehen zu können, erblickte sie Arto, der dort stand und auf jemanden einredete, den sie nicht kannte. Ohne Brille jedenfalls konnte sie nicht erkennen, wer es war. Vielleicht kannte nicht einmal Arto die Person. Sie wusste ja, dass er jeden anquatschte, der ihm über den Weg lief. Sie versuchte, das Fenster zu öffnen. Der Metallbügel klemmte, und sie musste sich richtig anstrengen, bis er quietschend nachgab. Sie stieß das Fenster auf. Der Wind blies die Gardine ins Zimmer. Er trug auch Wortfetzen herbei, die aber keinen Sinn ergaben. Ein Lieferwagen fuhr vorbei und verschwand hinter den Häusern.

Wo Arto gestanden hatte, war jetzt niemand mehr zu sehen. Märta schloss das Fenster. Im Haus war es still. Seltsam, dachte sie. In diesem Haus war es doch nie still. Marja und Arto waren keine leisen Bewohner. Nicht einmal, wenn sie schliefen. Und sobald sie auf den Beinen waren, ging das Schwatzen los, unermüdlich, wie bei einem Schwarm aufgeregter Spatzen.

Märta musste sich auf dem Fensterbrett abstützen. Sie fühlte sich leicht schwindlig. Das kam wohl daher, weil sie kaum gegessen hatte in den letzten Tagen. Es war nicht schlimm, es würde vorbeigehen, sie kannte das.

Auf der Straße fuhren wieder zwei, drei Autos vorbei. Sie kamen sicher vom Einkaufsladen, der sich etwas weiter unten befand. Nicht weit davon stand auch das Haus, wohin Pekkas Mutter nach seinem Verschwinden gezogen war. Pekka. Er hatte sein Kind nie im Arm gehalten. Er hatte es nur einmal gesehen, nach seiner Entlassung aus der Haftanstalt. Sie hatten sich an einem Abend getroffen, als Märta angeblich zum Singen und Stricken in den Gemeindesaal ging. Doch nein, damals hatte sie den kleinen Olli zu Hause bei Matti gelassen. Dann war es vielleicht im Laden gewesen? Es war lange her, zu lange. Sie traute der Erinnerung nicht.

Jedenfalls war Pekka ein paar Tage später verschwunden. Sie hatte ihn nie wiedergesehen. Seine Mutter zu fragen wagte sie nicht. Sie durfte kein Aufsehen erregen. Nein, das durfte sie nicht. Zum Schutz des Kindes nicht. Und auch zu ihrem eigenen nicht. Getuschelt wurde schon genug, daran gab es nichts zu zweifeln. Überall tuschelte es. Wenn sie auf Leute traf, die wie zufällig beisammenstanden. Wenn sie in den Laden musste. Sogar wenn sie durch den Wald ging und die Bäume sich im Wind einander zuneigten. Alle tuschelten sie und zeigten auf das Kind, das sie bei sich trug. Auf das Uneheliche. Auf die falsche Brut. Auf den Bastard.

Noch heute wusste sie nicht, ob sie sich das alles nur eingebildet hatte. Ob es die Schuldgefühle waren, die Angst, Matti könnte hinter ihr Geheimnis kommen. Ob das sie wirr gemacht hatte im Kopf, dass sie Stimmen zu hören glaubte, die es in Wirklichkeit gar nicht gab?

Sie schüttelte den Kopf. Aber nichts ließ sich verscheuchen damit. Zum Glück hatte Olli von Anfang an ihr geglichen und nicht dem leiblichen Vater. Auch in der Art war er das Abbild seiner Mutter. Das Zögernde, Zaudernde hatte er von ihr. So hatte Matti keinen Verdacht schöpfen können. Höchstens, dass es später keine Kinder mehr gab. Aber das schien ihn nicht gestört zu haben. Im Gegenteil. Von *Bälgern,* wie er sie bezeichnete, hatte er nie viel gehalten.

Manchmal aber hatten sie dennoch Zweifel beschlichen. Wusste Matti nicht doch mehr, als sie glaubte? Hatte er vielleicht sogar etwas zu tun mit Pekkas Verschwinden? Sie wagte nicht, daran zu denken. Die Wut, die in Matti schlummerte, auch mit dreiundsiebzig noch, war beängstigend. Ein Wort zu viel, eine falsche Bewegung, und der Vulkan spie Feuer und glühendes Gestein.

Sie erinnerte sich an all die Steine, die sie zusammengetragen hatte, von klein auf. Steine, die nicht besonders schön waren, aber eine Bedeutung hatten, jeder seine eigene. Steine, die Ereignisse festhielten aus ihrem Leben. Schon ihre Großmutter hatte Steine gesammelt, an denen andere achtlos vorbeigegangen waren.

»Du kannst es nicht fühlen«, hatte sie Märta erklärt, »aber ich. Wenn ich sie in die Hand nehme, steigen die Erinnerungen in mir auf. Sie fließen aus dem Stein in die Hand, die sie umschließt. Gute wie schlechte.«

Nein, Märta hatte nichts gespürt, wenn sie einen von Großmutters Steinen berührt hatte. Nur das Glatte oder Raue der Oberfläche.

»Du musst dir deine eigenen Steine holen, wenn etwas geschieht, das du für wichtig hältst«, hatte sie gesagt. »Nur für dich werden sie ihren Sinn und ihr Geheimnis bewahren.«

Märta hatte viele Steine zusammengetragen in den vergangenen Jahrzehnten. Aber Matti hatte in einem seiner Wutanfälle damit nach ihr geworfen. Da hatte sie die Steine in einer Kiste hinausgetragen in den Wald. Sie lagen nun zwischen zwei knorrigen Kiefern in einer Kuhle aus Moos, größere und kleinere, hübsche und unscheinbare, wild durcheinander, und langsam begannen Flechten und Moos sie zu überwuchern.

Matti

Wo eigentlich war der Hund? Der Alte rutschte auf der Bank ein wenig nach vorn. Als hätte er dadurch einen besseren Überblick über den Hof gehabt. Die Sitzbretter knarrten unter seinem Gewicht. Das eine Bein der Bank war schon länger lose und brachte sie zum Kippen, wenn man nicht stillsaß.

Verdammt, wo trieb sich der Köter wieder herum? Matti versuchte zu pfeifen, aber der Pfiff geriet zu einem kläglichen Luftpusten ohne Ton. Wie bei einem Jungen, der den Trick noch nicht herausgefunden hat. Die verfluchten Zähne, sie fehlten nicht nur beim Essen.

Er griff nach der Zigarettenpackung in der Jackentasche und zog eine Zigarette heraus. Er suchte nach dem Feuerzeug und steckte sie an. Ein plötzlicher Windstoß blies ihm den Rauch ins Gesicht, dass seine Augen brannten und tränten.

Als er Märta damals verfolgt und gesehen hatte, dass sie weder zu ihrer Schwester ging noch zum Pfarrer in den Gemeindesaal, war es ihm endlich wie Schuppen von den Augen gefallen. Und die Jahre danach hatten es ja bewiesen: Er war zeugungsunfähig.

Als er zu dieser Erkenntnis kam, war es, als hätte man ihm einen Schlag ins Genick versetzt. Er saß nur noch herum und brütete vor sich hin. Der Vorarbeiter rügte ihn auf der Baustelle, er wurde zum Chef zitiert, man verwarnte ihn. Auch weil er auf dem Bau zu trinken begonnen hatte, nicht nur Bier wie die anderen. Und wenn er abends nach Hause kam, zu seiner Ehefrau, die ängstlich und unscheinbar wie ein Geist durch das Haus schlich, zu seinem Sohn, der ein nächtlicher Schreihals blieb, beinahe bis er zur Schule musste, dann ging es erst recht nicht ohne die Flasche. Nur auf sie schien noch Verlass zu sein. Sie wurde zu seiner treuen Begleiterin, mit ihr war er verheiratet.

Matti sog an der Zigarette, die schon zum Stummel geschrumpft war. Er sog so heftig, dass er sich am Rauch verschluckte und husten musste. Von weit unten kam dieser Husten, tief aus seinem Inneren. Er hustete und spuckte, als müsste er ganze Teile seiner Eingeweide loswerden. Die Kippe brannte ihm an den Fingern, er warf sie in den Schotter, wo sie einen kleinen Funkenregen versprühte. Er schüttelte die Hand, als könnte er so den Schmerz aus den versengten Fingerspitzen vertreiben.

Er blickte hinüber zum Hühnerhof. Wenn eine Henne nicht mehr legen wollte, hatte er sie herausgeholt, unter den Arm geklemmt und war mit ihr zum Holzklotz gegangen, wo er sonst Brennholz spaltete. Während unter den restlichen Hühnern ein Gegacker losgebrochen war, als sei der Fuchs persönlich eingedrungen, hatte er die Henne auf den Klotz gelegt, mit der einen Hand ihren Kopf gehalten und mit der anderen nach dem Beil gegriffen. Ein einziger, sauberer Schlag hatte früher genügt. Später war es ab und zu vorgekommen, dass er ein zweites Mal zuschlagen musste oder dass ihm der Rumpf des Huhns entglitten und kopflos durch die Gegend geflattert war.

Teufel auch! Nicht nur die Hühner waren ihm entglitten. Manchmal hatte er sich vorgestellt, nicht ein Huhn liege auf dem Scheitstock. Märtas Hals sei es, der sich ihm darböte und auf den er das Beil niederfahren lasse, dass das Blut nach allen Seiten spritzte. Ja, es hatte Zeiten gegeben, da hatte die Flasche ihm solche Dinge zugeflüstert. Mut hatte sie ihm versprochen und Freiheit, wenn er den Mut dazu hätte.

Ja, es war vorgekommen, dass er Märta geschlagen hatte in seiner Wut, in seiner Ohnmacht. Aber die Flasche hatte, sobald sie leer war, ihre Macht verloren und ihn als lallenden, schwachen Dreckskerl zurückgelassen, der nicht einmal mehr imstande war, den Arm zu heben, geschweige denn, eine Axt zu führen.

Gott sei Dank – oder wem auch immer. Denn eigentlich, so hatte er sich später überlegt, musste er Märta dankbar sein. Dankbar, dass sie ihn auf ihre Weise zum Vater gemacht hatte. Und ihn so davor bewahrt hatte, dass er unter den Gleichaltrigen als Schlappschwanz in Verruf kam, als einer, der nicht einmal zur einfachsten Sache der Welt fähig war.

Aufstehen, er musste endlich aufstehen! Er konnte doch nicht den ganzen Nachmittag hier sitzen. Konnte er nicht? Es gab ja nichts zu tun. Nichts jedenfalls, was er selber hätte tun können. Ohne fremde Hilfe. Er hasste es, auf fremde Hilfe angewiesen zu sein. Er hasste es, ohnmächtig feststellen zu müssen, wie die Kräfte ihn verließen. Wie er zu einem gebrechlichen, alten Nichtsnutz wurde. Sitzen bleiben konnte er hier nicht. Auf keinen Fall.

Er blickte zum Himmel, wo sich graues Gewölk vor die Sonne geschoben hatte. Es sah nach Regen aus. Er griff nach dem Stock, den er neben sich auf die Bank gelegt hatte, als er rauchen wollte. Mit der anderen Hand stieß er sich von der Bank ab. Dabei riss er sich an einem Holzsplitter die wunde Hand erneut auf. Blut quoll in kleinen, dunklen Tropfen heraus. Er ballte die Faust. Es wurde Zeit. Es war Zeit.

»Deine Zeit läuft aus, Nieminen«, dachte er. »Jetzt.«

Er ließ sich auf die Bank zurücksinken. Dabei spürte er den harten Gegenstand in seiner Tasche. Er zog die Pistole hervor und drehte sie in der Hand, steckte sie zurück in die Jacke. Dann stand er erneut auf und ging durch den schmalen Durchlass zwischen Werkstatt und Hühnerhaus nach hinten, wo ein großer Steinhaufen lag. Er blieb stehen, nestelte mit der freien Hand am Hosenbund und schlug sich das Wasser ab. Es dauerte, bis er die letzten Tropfen endlich losgeworden war. Fast so lange brauchte er, bis er die Hose wieder zugeknöpft hatte. Er humpelte zwischen den Schuppen zurück auf den Hofplatz.

Dem unsicheren Schotter, der ungleichmäßig, wie Inseln, über den Platz verteilt lag, wich er aus. Jetzt entdeckte er auch den Hund, der wie zufällig neben dem Haus auftauchte.

»Dich hab ich längst durchschaut«, brummte der Alte. »Euch alle, die ihr meint, mich für dumm verkaufen zu können.«

Für einen Augenblick achtete er nicht auf die Boden-beschaffenheit. Irgendwo war der Stock hängen geblieben, an einer der unzähligen Wurzeln wahrscheinlich, die der Rodung getrotzt hatten und seitdem wie Fußangeln im Boden steck-ten. Matti, der schon einen Schritt weiter war, wurde der Stock aus der Hand gerissen, er führte noch den begonnenen Schritt zu Ende, dann verlor er das Gleichgewicht und stürzte hilflos und schwer der Länge nach hin.

Wie lange er am Boden gelegen hatte, wusste er nicht. Es war der Hund, der ihn wieder zur Besinnung brachte. Er strich um ihn herum und winselte. Mattis Nase schmerzte. Also, eigent-lich schmerzte alles, eine Körperstelle um die andere meldete sich, bis sie vollzählig waren. Aber die Nase schmerzte am hef-tigsten. Er tastete danach und spürte die warme Feuchtigkeit an seiner Hand. Auch ohne Brille erkannte er, dass es Blut war. Die Brille! Er versuchte sich aufzurichten und griff den Boden in seiner Reichweite ab. Als er schon aufgeben wollte, bekam er etwas zu fassen. Es war der eine Bügel der Brille, er war abgebrochen. Matti warf ihn weg, enttäuscht und wütend. Er suchte weiter.

Der Hund war nicht mehr in unmittelbarer Nähe, seit der Alte sich wieder bewegte. Matti kümmerte es nicht, er dachte nicht einmal an das Tier. Die Brille, er musste die Brille haben!

Er rutschte ein wenig weiter und tastete wieder den Boden ab. Steine, nichts als Steine. Den einen oder anderen warf er weg. Bald ließ er es bleiben. Es waren einfach zu viele. Als er weiterrutschte, knirschte etwas unter seinem aufgestützten Ellbogen. Verflucht, er hatte sie gefunden! Er setzte sich auf und klemmte den verbliebenen Bügel hinter das rechte Ohr. Mit dem linken Auge sah er nichts. Das Glas musste zerbrochen und herausgefallen sein. Das andere war von Sprüngen durchzogen, saß aber noch in der Fassung. Immerhin konnte er so die nächste Umgebung wieder wahrnehmen. Aber aufstehen, das würde kaum gehen. Er blickte sich nach dem Stock um und rutschte zurück, als er ihn nicht allzu weit weg liegen sah.

Das Fortbewegen war mühsam, und die Anstrengung machte Matti zu schaffen. Als er beim Stock angelangt war, musste er Atem holen, bevor er danach griff. Er merkte jedoch rasch, dass der Stock keine Hilfe war. Er kam damit zwar bis auf die Knie, aber wenn er sich aufzurichten versuchte, knickte das verdammte Bein stets unter ihm weg, als wäre es ein alter Gummistiefel. Erschöpft sackte er in sich zusammen und ließ den Kopf auf den Boden sinken.

Plötzlich horchte Matti auf. Rief da nicht jemand seinen Namen? Er richtete sich etwas auf und sah sich um, soweit das seine beschädigte Brille zuließ. Da war niemand. Hörte er jetzt schon Stimmen? War er nun schon verrückt geworden? Nein, da rief einer nach ihm. Die Stimme kam vom Fahrweg her, der zum Haus führte. Er drehte sich in die Richtung und strengte die Augen an. Tatsächlich, dort stand jemand. Am Eingang zum Wald. Ein Mann. Wer konnte das sein? Arto? Der wagte sich wohl kaum her. Olli? Der wäre mit seiner Karre bis vors Haus gefahren. Eine Uniform trug der Kerl auch nicht, so viel konnte er erkennen. Zudem hatte Nyström ja gesagt, er komme erst am folgenden Tag wieder.

Dann durchzuckte es ihn plötzlich, als hätte er einen Stromschlag erhalten. Der Mann stand dort, wo der Fuchs immer gesessen hatte, mitten auf dem Weg, am Rand der Lichtung. Pekka stand dort! Pekka, der doch tot war. Der doch tot sein musste. Seit vielen Jahren. Seit einem halben Leben. Pekka stand dort. Der Fuchs. Er war auferstanden. Sein Geist stand da und wollte ihn holen. Ihn, Matti Nieminen. Seinen Mörder.

Verflucht, es gab keine Geister! Er glaubte nicht an sie. Er hatte auf Pekka geschossen, damals, er erinnerte sich daran, als sei es gestern gewesen. Und er war ein guter Schütze gewesen. Sauberer Blattschuss. Aber – und das hatte ihn lange beschäftigt – man hatte Pekkas Leiche nie gefunden. Er blieb einfach verschwunden und war nie mehr aufgetaucht. Zugegeben: Mehr war ja auch nicht nötig gewesen.

Er griff nach der Pistole, die ihm aus der Jackentasche gefallen war. Die Distanz war zu groß, die Brille keine wirkliche Hilfe. Er musste es trotzdem versuchen. Es war seine einzige Chance. Ohne die Gestalt aus den Augen zu lassen, hob er die Waffe, zielte und drückte ab. Der Knall zerriss die Stille im Wald nicht, es war ja nur ein Kaninchentöter, aus dem der Schuss abgefeuert wurde. Matti blickte auf die Waffe, dann blickte er wieder zum Fahrweg. Da stand keiner mehr. Ob er getroffen hatte, konnte er nicht sehen. Es war egal. Der andere wusste jetzt, woran er war. Und es genügte vollkommen, wenn der Schuss ihm einen gehörigen Schrecken eingejagt hatte.

Matti zitterte. Die Erschöpfung brach ohne Vorwarnung über ihn herein. Die Waffe fiel ihm aus der Hand und er sank seitlich wieder zu Boden. Er fühlte sich hilflos und schwach wie kaum einmal in seinem Leben. Aber er brauchte kein Bedauern. Und er würde niemandem zur Last fallen. Er nicht. Mochte Märta sich bei ihrer Schwester ausweinen, sich bei ihr einnisten. Sein Bruder war tot, sein Sohn keine Hilfe. Aber er brauchte keine Hilfe! Niemals! Er würde dem hier ein Ende machen. So war das. Er klaubte eine Patrone aus der Jackentasche. Mit Mühe gelang es ihm, die Waffe neu zu laden. Dass es zu regnen begonnen hatte, nahm er nicht mehr wahr.

Olli

Sie mussten zurück bis nach Lahti.

»Tut mir leid«, sagte der Fahrer und hob die Schultern.

Olli rutschte auf seinem Sitz herum, soweit der Anschnall-
gurt es zuließ. Irgendwann gab er es auf, ständig auf die Uhr
zu blicken.

»Nichts zu machen«, sagte der Fahrer, der mitbekommen
hatte, wie sein Passagier resigniert in sich zusammengesunken
war. »Es dauert, so lange es dauert.«

»Du kannst gut reden«, gab Olli zurück. »Ist ja schließlich
dein Job.«

»Vom Morgen bis am Abend, da liegst du goldrichtig«,
lachte der Mann. »Wo ist das Problem?«

»Mein Alter, weißt du, er kann schwierig sein.«

»Tja, das werden sie alle, früher oder später.«

»Es ist ja auch nur wegen der Zeit. Wenn ich nicht rechtzeitig komme ...«

»Ruf ihn doch an.«

»Er geht nicht ran.«

»Versuch's einfach noch mal.«

»Man kann nicht reden mit ihm am Telefon.«

»Ach so, hört er schlecht.«

»Kann man so sagen.«

In der Autowerkstatt musste Olli Papiere ausfüllen und un-
terschreiben. Er erhielt einen gebrauchten Audi, nicht ganz
so alt wie seine eigene Karre, aber doch schon in die Jahre
gekommen. Beulen und Kratzer erzählten allerlei Geschich-

ten. Hauptsache, das Ding fuhr und ließ ihn nicht irgendwo in der Pampa im Stich. Seinen defekten Volvo würde man in den nächsten Tagen untersuchen und Bescheid geben, ob sich eine Reparatur noch lohnte. Er nickte zu allem. Eigentlich interessierte ihn das alles gar nicht mehr. Jetzt ging es wieder um die Zeit, um die lange Strecke, die er erneut hochfahren musste. Der Nachmittag war schon vorgerückt, und es würde wohl vier Uhr werden, bis er in Kasiniemi eintraf.

»Du musst den Wagen vollgetankt zurückbringen«, rief ihm der Mechaniker nach. »Vergiss das nicht.«

Klar. Ohne sich umzudrehen, hob er nur die Hand.

Wieder fuhr er aus der Stadt und auf der E4 nach Norden. Schon nach den ersten Kilometern stellte er fest, dass der Ersatzwagen um einiges komfortabler war als seine alte Kiste. Fragte sich nur, wie er den ganzen Scheiß wieder bezahlen sollte. Da würde alles, was er heute loseisen konnte, gleich wieder zum Teufel gehen. Falls er überhaupt Erfolg hatte bei seinem Bittgang.

Plötzlich verspürte er Heißhunger. Das flaue Gefühl im Magen hatte er bisher gar nicht beachtet. Klar, er hatte den ganzen Tag über noch nichts Reelles gegessen. Er musste dringend etwas zwischen die Zähne kriegen, sonst konnte er sich nicht mehr auf die Straße konzentrieren. In Vääksy verließ er die Schnellstraße und suchte eine Imbissbude. Er bestellte einen doppelten Burger und eine Cola, nahm sich aber nicht die Zeit, vor Ort zu essen. Im Wagen legte er alles so zurecht, dass er sich während der Fahrt bedienen konnte.

Er fuhr stets leicht über dem Limit, überholte, wo immer es ging, und verschlang zwischen den Manövern den Burger. Bald hatte er Padasjoki hinter sich gelassen und fuhr auf Arrakoski zu. Gleich würde die Stelle kommen, wo er mit dem Volvo stehen geblieben war. Von Westen schob sich eine dichte Wolkendecke über das Land. Er hatte sich nicht über den Wetterbericht informiert. Tat er nie. Wozu auch. Aber Regen schien wahrscheinlich.

Wenig später bog er ab nach Torittu, von dort nochmals Richtung Korkee und dem See. Als das Ortsschild von Kasiniemi auftauchte, drosselte er die Geschwindigkeit, bis er die Häuser hinter sich hatte und zur Einmündung des Fahrwegs kam, der zum Haus der Eltern führte. Im Schritttempo fuhr er durch den Wald, bis er zu der Lichtung kam. Er ließ den Audi am Wegrand stehen. Sonst fuhr er immer bis vor das Haus. Aber jetzt kam er mit einem anderen Auto, einem, das der Alte nicht kannte. Da war es vielleicht gescheiter, unnötige Fragen zu vermeiden. Sobald der Alte Fragen zu stellen begann, wurde es erfahrungsgemäß schwierig.

Er ging die paar Windungen hinunter, die der Weg nach der Lichtung durch den Wald noch machte. Als er die letzten Bäume hinter sich hatte, blieb er wie angewurzelt stehen.

Auf dem Vorplatz vor dem Haus lag der Alte, zusammengekrümmt, bewegungslos. Und soweit Olli sehen konnte, schien sein Kopf blutverschmiert zu sein. Aber vielleicht irrte er sich. Jedenfalls musste er gestürzt sein und hatte sich verletzt. In einiger Entfernung saß der Hund. Er schien den Fremden erkannt zu haben und trabte auf ihn zu.

Olli ging ihm entgegen.

»Braver Hund.«

Das Tier winselte, kam aber nicht bis zu ihm hin. Olli blickte wieder nach dem Alten. Erst jetzt erkannte er den dunklen Gegenstand, der neben der Hand des Gestürzten lag. Es musste eine Schusswaffe sein. Der Alte hatte sich doch nicht … Verdammt! Was sollte er jetzt tun? Würde man am Ende noch ihn verdächtigen, den Sohn, diesen Nichtsnutz?

Er rührte sich nicht weiter von der Stelle.

»Matti!«, rief er.

Hatte sich der Alte nicht geregt? Oder bildete er sich nur ein, was er sehen wollte? Doch, er hatte den einen Arm bewegt. Und jetzt hob er den Kopf. Aber er schien verwirrt und schien nicht zu wissen, woher die Stimme kam.

Olli wollte gerade auf den Alten zulaufen, da sah er, wie dieser nach der Waffe griff und sie auf ihn richtete.

»Matti – nicht!«

Der Schuss knallte. Olli fühlte, wie seine Knie weich wurden. Egal. Er musste weg hier! Weg! Er rannte den Fahrweg hoch, sprang in den Wagen und fuhr mit quietschenden Reifen davon.

Auch wenn ihm eigentlich klar war, dass der Alte nicht mehr allein aufstehen konnte, wollte er doch möglichst ein paar sichere Kilometer zwischen sich und den Schießwütigen bringen. Aber wohin sollte er fahren? Nach Hause? Er musste doch vor allem die Polizei alarmieren. Wo befand sich überhaupt die Mutter? Oh nein, so weit hätte er nicht denken sollen. So weit nicht. Er fühlte, wie seine Hände feucht wurden und packte das Steuer fester.

Tante Marja – es war vielleicht das Beste, wenn er nun doch zu ihr fuhr und von dort aus alles regeln würde. Ja, dachte er, so war es gut. Denn alleine regeln konnte er das nicht. Das überstieg nun seine Kräfte definitiv.

Er tastete ungeduldig nach dem Handy und rief die Nummer von Mutters Schwester auf. Einmal. Zweimal. Dreimal. Verdammt, warum ging da niemand ran? Der Alte hatte seinen Verstand vollends verloren, und keiner ging an den Apparat!

Er fuhr die Straße zurück, bis er nach Harmoinen abbiegen konnte. Da war eine Baustelle mit einer Ampel. Auch das noch. Aber der Bediener der Ampel war einsichtig und schaltete auf Grün, als Olli auf die Bremse treten wollte.

Die Baustelle erstreckte sich über mehrere Kilometer. So fühlte es sich für Olli jedenfalls an. Nachdem er die Ampel auf der Gegenfahrbahn passiert hatte, fuhr er an einer langen Fahrzeugkolonne vorbei, die auf die Weiterfahrt wartete. Auch ein Polizeiwagen war darunter. War das nicht Henrik Nyström gewesen, der Polizeibeamte? Das musste Zufall sein. Oder wusste Nyström mehr? Er war doch nicht auf dem Weg zum Hof der Nieminens? Wie sollte er auch. Und überhaupt: Mit großer Wahrscheinlichkeit hatte er sich getäuscht und es war nicht Nyström gewesen, der im Wagen gesessen hatte. Natürlich nicht. Sah er jetzt schon Gespenster?

Henrik

Die dunkle Wolkenschicht hatte den Himmel hermetisch abgeschlossen. Es war nur eine Frage der Zeit, bis sich die Wolken entleeren würden. Die Häuser im Ort sahen aus, als duckten sie sich vor dem, was kommen sollte. Je näher Henrik seinem Ziel kam, umso mehr kreisten seine Gedanken darum, was ihn dort erwarten würde.

Er bog ab, wo der Briefkasten der Nieminens, ein zerbeulter, grüner Metallbehälter, am Straßenrand stand. Es hatte leicht zu regnen begonnen. Er fuhr bis zu der kleinen Lichtung. Die Scheibenwischer traten erstmals in Funktion. Nun kamen noch die beiden Kurven, bis man den Hofplatz mit dem Wohnhaus und den Schuppen erblickte. Der Wald und die Wolkendecke hatten das Licht wie erdrückt.

Der alte Nieminen lag mitten auf dem Vorplatz. Er war nicht zu übersehen. Ein zusammengekrümmtes Bündel.

Henrik brachte den Wagen zum Stehen, so abrupt, dass die blockierten Reifen noch ein ganzes Stück auf dem Schotter weiterrutschten. Bereits als er ausstieg, sah er die Blutlache, die sich um Nieminens Kopf ausgebreitet hatte. Nicht weit von Mattis Hand lag die Kaninchenpistole. Wieder stand Henrik vor der Anzeige im Ladeneingang, wo jemand Kaninchen angeboten hatte. Wo ihm klar geworden war, dass ihm ein fataler Fehler unterlaufen war. Es summte in seinem Kopf. Er schlug die Wagentür zu. Der Knall verscheuchte die lähmenden Gedanken. Er näherte sich dem Alten vorsichtig und steckte als Erstes Mattis Waffe ein.

»Matti!«

Der Alte regte sich nicht. Henrik griff prüfend nach seinem Hals, um den Puls zu fühlen. Doch, da war noch etwas Leben vorhanden.

»Matti, hörst du mich?«

Der Alte röchelte. Henrik ging davon aus, dass die Wunde an seinem Kopf von einem Streifschuss stammte. Sie schien nicht gefährlich, hatte aber zu Beginn offenbar ziemlich heftig geblutet. Der Verlauf der Wundränder legte die Vermutung nahe, dass Matti sich die Verletzung selbst zugefügt hatte.

Er versuchte den Alten, der auf dem Bauch lag, umzudrehen, damit er sein Gesicht sehen konnte. Es war ebenfalls blutverkrustet. Wahrscheinlich hatte er auch noch die Nase gebrochen beim Sturz. Er hatte die Augen geschlossen. Aber er atmete. Henrik brachte ihn mit sicherem Griff in eine stabile Seitenlage. Dann zog er sein Handy hervor, forderte Verstärkung an und alarmierte die Ambulanz.

Es hatte stärker zu regnen begonnen. Henrik blickte sich um. Auf der Vortreppe entdeckte er den Hund, der dort im Trockenen saß und ihn beobachtete. Falls sich jemand im Haus oder in der Umgebung aufhalten sollte, so hielt er sich versteckt.

Henrik ging nicht davon aus, dass jemand in der Nähe war. Er suchte mit den Augen den Boden um Matti herum ab. Da lagen Teile seiner Brille, zerbrochen, die Gläser zersplittert. Und das, was im Regen schimmerte, war eine Patronenhülse. Er streckte die Hand aus und hob sie auf. Gleichzeitig entdeckte er eine zweite, die etwas weiter weg lag. Der Alte musste zweimal geschossen haben. Und da der Kaninchentöter nach jedem Schuss neu geladen werden musste, durfte zwischen dem ersten und dem zweiten Schuss eine gewisse Zeitspanne vergangen sein. Schließlich war der Alte nicht mehr der Jüngste.

Henrik überprüfte Mattis Puls. Dann erhob er sich und ging die paar Schritte zu seinem Wagen, um einen Regenschutz zu holen. Er kam mit einer Pelerine zurück, faltete sie auseinander und deckte den Alten damit zu, sodass wenigstens Oberkörper und Kopf geschützt waren. Da begann sich Matti plötzlich zu regen. Seine Augendeckel flatterten, als versuchte er, die Augen zu öffnen. Er hob den Kopf ein wenig und fing an zu husten.

»Matti!«

Er reagierte nicht auf Henriks Zuruf, aber er bewegte die Arme, soweit das in dieser Lage möglich war. Offensichtlich wollte er sich aufrichten. Er hatte die Augen jetzt geöffnet, schien aber seine Umgebung nicht wahrzunehmen.

»Langsam, Matti«, mahnte Henrik. »Ich helfe dir.«

Er trat hinter den Liegenden, griff unter seine Achseln und zog ihn hoch, bis er aufrecht saß. Die Pelerine war auf den Boden gerutscht. Henrik versuchte, sie über sie beide zu ziehen, aber der Wind, der den Regen jetzt vor sich herjagte, wusste das zu verhindern. Henrik hockte schweigend hinter Matti und hielt ihn fest, damit er nicht plötzlich wieder umkippte. Durch die nasse Kleidung hindurch spürte er das Zittern, das den Körper des anderen durchlief. Und wie er roch, der Alte. Die feuchten Kleider machten alles noch schlimmer.

»Auf wen hast du geschossen, Matti?«, fragte Henrik nach scheinbar endlosen Minuten.

Nieminen reagierte nicht.

»Da sind zwei Patronenhülsen, Matti.«

»War Olli hier?«, fragte Henrik aus einer plötzlichen Eingebung folgend.

»Olli«, wiederholte der Alte.

Er sagte es so, dass Henrik kein zweites Mal fragen musste.

»Wer war es denn? Nicht wahr, du weißt, wer es war?«

Der Alte murmelte etwas Unverständliches. Es war, als kaute er die Wörter.

»Ich kann dich nicht verstehen«, sagte Henrik.

»Pekka«, sagte Matti. »Es war Pekka.«

Nyström horchte auf. Er hatte von der Geschichte gehört. Sie war lange her. Pekkas Spuren sollten sich im Ausland verloren haben.

»Du glaubst, er war es wirklich?«, fragte er.

»Wer sollte es sonst gewesen sein?«

»Olli«, blieb Nyström beharrlich. »Könnte es sein, dass du auf Olli geschossen hast?«

Der Alte schüttelte nur den Kopf. Es übertrug sich vom Kopf auf den ganzen Körper, dieses Schütteln, und Henrik Nyström merkte, dass Matti lachte. Er lachte, dass er bebte, er lachte, bis ihm die Tränen kamen. Bis das Schluchzen ihn schüttelte.

»Lächerlich«, stieß er zwischen den Zahnstummeln hervor, und Henrik hatte Mühe, ihn zu verstehen. »Es ist einfach nur lächerlich, alles.«

»Nicht alles«, widersprach Henrik.

Überrascht stellte er fest, dass der Ekel sich langsam verflüchtigte. Als hätte der Regen ihn weggewaschen. Als hätte etwas anderes seinen Platz eingenommen. Und auch die durchnässte Uniform war ihm keinen Gedanken mehr wert.

»Nicht alles, Matti. Nicht alles«, wiederholte er.

Der Alte war ganz still. Nur sein rasselnder Atem war zu hören. Eine Weile verharrten sie so.

»Worauf warten wir eigentlich?«, fragte Matti plötzlich.

»Ja, worauf warten wir eigentlich?«, sagte Henrik erstaunt.

»Los«, sagte er, »halt dich an mir fest. Kannst du aufstehen?«

Märta

Der Schwindel meldete sich wieder stärker. Märta drehte sich vom Fenster weg. Da stand das Bett und lockte mit der noch warmen, weichen Kuhle. Nein, sie wollte sich nicht wieder hinlegen. Das ging nicht, es war ja noch heller Tag. Noch heller Tag, auch wenn der Himmel aus lauter grauem Bettzeug zu bestehen schien. Aber zu dem Sessel, der in der Zimmerecke stand, dort wollte sie hin. Gegen das Sitzen gab es keine Einwände. Sie stützte sich an der Wand ab und schob Fuß vor Fuß, bis sie den Sessel erreicht hatte. Es war einer dieser alten Ohrensessel, mit vier kurzen Beinen und abgewetztem Polster. Er stammte noch von den Eltern und hatte immer schon geknarrt, wenn sich jemand darin niederließ.

Märta setzte sich, der Sessel knarrte. Sie bettete den Kopf an die hohe Rückenlehne. Die Gedanken wirbelten einen wilden Tanz. Vielleicht waren sie die Ursache des Schwindels. Wie es gekommen war, so wie es jetzt war, dachte sie. Wie viel sie falsch gemacht hatte. Ob sie es besser hätte machen können. Die Schuld, die sie ein Leben lang trug an Olli, und über die sie mit niemandem reden konnte. Seine beiden Väter, die beide keine wirklichen Väter waren, keine sein konnten. Und dass er keinen richtigen Platz im Leben gefunden hatte. Denn so war es doch. Ja, wenn Irma damals bei ihm geblieben wäre. Vielleicht hätte sich alles wenden können. Wenn er eine Familie gehabt hätte, Kinder, Arbeit. Sie wusste, dass Irma keine Schuld traf, aber warum hatte sie ihn verlassen? Olli hatte nie darüber reden wollen. Er hatte überhaupt nie über seine Probleme reden wollen. In Mattis Gegenwart schon gar nicht. Matti war ja auch kein Vorbild gewesen für den Jungen. Nur gut, dass sie keine weiteren Kinder hatten. Obschon … Es hatte Augenblicke gegeben, da hatte sie sich genau das vorgestellt. Ein Mädchen vielleicht. Einen weiteren Jungen. Aber wenn sie nach Matti geraten wären? Zudem war das Haus eng und schlecht isoliert, die steile Treppe gefährlich für kleine Kinder. Wenn sie an die strengen Winter dachte, in denen die Fensterscheiben zufroren und der Hof manchmal für Tage nur zu Fuß erreichbar war. Wenn Matti nicht zur Arbeit gehen konnte, weil die Baustelle eingeschneit war, und er nur draußen auf der Vortreppe stand und die Spuren der Wildtiere beobachtete, die sich kreuz und quer über den Hofplatz zogen. Wenn er rauchte und an der Flasche hing, statt endlich für seine Familie ein Bad einzubauen, damit man sich nicht durch Schnee und Kälte zum Plumpsklo kämpfen musste. Nein, es war nicht auszudenken, wie sie das mit zwei oder gar drei Kindern hätte bewältigen sollen.

Olli lebte nun sein eigenes Leben. Es schien ihm so weit gut zu gehen. Er beklagte sich selten. Aber es änderte nichts an Märtas Schuldgefühlen, die meist unangemeldet an die Tür klopften und sich nicht mit Kaffee und Hefegebäck abspeisen ließen wie gewöhnliche Besucher.

Ob sie es besser machen würde, wenn sie noch einmal beginnen dürfte? Nochmals beginnen, von vorn, von Anfang an? Nein, dazu war sie zu müde. Verbraucht und viel zu müde. Aber was sollte nun werden? Es war ja noch nicht zu Ende. Irgendwie musste man es ja noch zu Ende bringen. Musste man? Wenn es nicht zu Ende war, ja, dann musste man. Sie seufzte. So war das nun mal. Es ging weiter. Ein Jahr noch, zwei, vielleicht auch länger. Sie konnte es sich nicht vorstellen. Aber so war es. Und sie würde sich darein schicken müssen.

Sie merkte nicht, wie ihr die Augen zufielen. Der Schlaf übermannte sie. Die knetenden Hände kamen zur Ruhe. Sie träumte vom Tod. Sie träumte, sie liege im Bett und blicke hinüber zum Sessel. Der Sessel war leer. Aber dann erschrak sie, als sie plötzlich eine Gestalt im Sessel sitzen sah. Da saß einer, mit dem Rücken zu ihr. Als er sich zu ihr umwandte, wollte sie zuerst schreien. Wie erleichtert war sie dann, dass es kein fremdes Gesicht war, sondern eines, das sie kannte. Sie wusste nicht mehr woher, aber sie hatte keine Angst, aus dem Bett zu steigen und auf die Gestalt zuzugehen, als sie ihr winkte.

Sie hatte vom Tod geträumt, das wusste Märta ganz sicher, als sie erwachte. War das ein gutes oder ein schlechtes Zeichen? Sie merkte plötzlich, dass jemand ins Zimmer gekommen war. Marja, dachte sie. Es wird Marja sein. Sie blickte sich um.

Es war nicht Marja. Es war ein Mann. Ein fremder Mann. Er stand in der Tür.

»Märta«, sagte der Mann, »kennst du mich nicht mehr?«

»Pekka«, flüsterte Märta.

Erst jetzt hatte sie das Bild des Jungen im Gesicht des gealterten Mannes entdeckt. Ihr Herz begann zu klopfen. Wie damals. Oh, es gab so viel zu fragen. Aber jetzt, wo die Zeit dazu gewesen wäre, schwiegen sie beide. Pekka trat einen Schritt näher.

»Ich habe dir etwas mitgebracht«, sagte er.

Er hielt ihr die offene Hand hin. Auf seiner Handfläche lag ein Stein, ein unscheinbarer, kleiner Stein, von einem matten Grau, mit silbernen Einsprengseln. Märta griff zögernd danach. Sie kannte den Stein, oh ja, sie hatte ihn oben beim Wasserturm gefunden, in Tampere, damals, als sie Pekka zum ersten Mal besucht hatte. Wie war Pekka zu dem Stein gekommen?

Sie blickte auf, um ihm die Frage zu stellen. Wenigstens diese eine Frage. Aber da war niemand mehr, den sie hätte fragen können. Stattdessen klopfte es an der Tür, und sie hörte Marjas Stimme.

»Alles gut bei dir?«, fragte die Schwester und steckte den Kopf zur Tür herein.

Sie sah, dass Märta im Sessel saß.

»Ich glaubte, du hättest Besuch? Mit wem hast du gesprochen?«

Märta gab keine Antwort. Marja trat zu ihr.

»Was hast du denn da?«, fragte sie.

Märta öffnete zögernd die geschlossene Hand. Da lag der Stein.

Olli

Mittlerweile war es Nacht geworden. Es regnete in dünnen Fäden. Die Straßenbeleuchtung warf lange, glänzende Streifen auf den nassen Asphalt, wie frische, noch feuchte Pinselstriche auf einem unfertigen Gemälde.

Olli war schon von Weitem auf den Mann aufmerksam geworden. Mit einem Koffer in der Hand lief er den Saum der Straße entlang. Jedes Mal, wenn ein Wagen an ihm vorbeifuhr, hob er, ohne sich umzudrehen, den Daumen seiner linken Hand. Aber keiner nahm ihn mit.

Olli überholte ihn und hielt etwas weiter vorn, wo es eine Ausweichstelle gab. Es dauerte eine Weile, bis der Fremde zu ihm aufgeholt hatte. Olli ließ die Scheibe herunter. Ein dunkles Gesicht unter einer Schirmmütze schob sich in die Öffnung. Ebenso dunkle Augen.

Bestimmt keiner von hier. Von weit droben vielleicht, dachte Olli. Aus den Grenzgebieten im Norden. Das Gesicht eine Landschaft. Eine alte Landschaft voller Falten und Schrunden.

»Scheißwetter«, sagte Olli.

Der Fremde knurrte etwas, das er nicht verstand.

»Wohin?«, fragte er ihn.

»Nach Süden«, sagte der Fremde.

»Lahti? Weiter fahre ich nicht.«

Der Mann hob die Schultern. Das sah komisch aus, weil die eine Schulter mitten in der Bewegung hängen blieb.

»Los, steig ein«, sagte Olli und trommelte ungeduldig auf das Steuerrad.

Der Fremde öffnete die hintere Tür und schmiss seinen Koffer, ein altmodisches, abgewetztes Stück, auf den Rücksitz. Der Koffer schien schwer zu wiegen, jedenfalls erweckte er diesen Eindruck.

Als der Mann neben Olli Platz genommen hatte, zog er eine zerknitterte Packung Marlboro aus seiner Jackentasche und steckte sich eine Zigarette zwischen die Lippen. Wieder fiel Olli auf, dass ihm wohl die Schulter Probleme machte. Als ihm der Mann die Zigarettenpackung hinstreckte, lehnte er ab. Das kam für ihn selber überraschend, aber vielleicht hatte es mit dem strengen Geruch zu tun, den der Fremde verströmte. Er oder sein Koffer. Beide wahrscheinlich. Während Olli noch überlegte, woran ihn dieser Geruch erinnerte, startete er den Motor, wartete ab, dass die Fahrbahn frei wurde und fuhr los.

Der Regen schlierte weiter über die Frontscheibe. Olli schaltete die Geschwindigkeit der Scheibenwischer um eine Stufe höher. Der Fremde neben ihm paffte vor sich hin. Er schien nicht an einem Gespräch interessiert zu sein. Vielleicht war er auch einfach erschöpft. Bei seinem Alter. Und dem Gewicht des Koffers.

Olli drückte auf die Radiotaste. Tango mit Topi Sorsakoski. Die melancholische Stimme passte zum Regen.

»Scheißwetter«, wiederholte sich Olli.

Der andere reagierte nicht. Er warf die ausgerauchte Kippe aus dem Wagenfenster.

»Das verdient nicht einmal die Bezeichnung Wetter«, sagte er plötzlich.

Er kam bestimmt von dort oben, dachte Olli. Dort gab es anderes Wetter, wenn er das gemeint hatte. Aber was macht ein Mann in diesem Alter nachts allein mit einem Koffer auf der Landstraße? Er schien doch weit über sechzig.

Der Fremde steckte sich erneut eine Zigarette an. Diesmal bot er Olli keine an. Mit der freien Hand griff er sich an die Schulter.

»Schmerzen?«, fragte Olli.

»Seit bald vierzig Jahren«, ächzte der Mann.

»Unfall?«

Der Alte nickte und hustete.

»Jagdunfall, wenn du's unbedingt wissen willst«, fügte er nach einer Weile hinzu. Und dann lachte er, ganz unerwartet, krächzend und verächtlich, sodass Olli keine weiteren Fragen stellte. Aber dass er immer wieder einen Blick in den Rückspiegel tat, nach hinten, wo der Koffer lag, musste dem Fremden nicht entgangen sein.

»Import-Export«, erklärte er und deutete mit der Hand hinter sich. »War lange im Ausland, jetzt bin ich wieder da. Aber das Geschäft lohnt sich nicht mehr.«

Er hustete. Als ob das Sprechen ihn anstrengte. Olli warf ihm einen raschen Blick zu. Er hatte sich getäuscht. Der Mann musste doch aus der Gegend sein. Er sprach den örtlichen Dialekt. Unverkennbar, auch wenn er sich ab und zu an einem Wort stieß.

»Musste dem Vater meines Sohnes einen Höflichkeitsbesuch abstatten«, fügte er noch hinzu, nachdem sich sein Hustenanfall gelegt hatte.

Olli glaubte sich verhört zu haben. Er wartete, ob noch etwas käme. Aber da kam nichts mehr. Er schluckte leer.

»Komplizierte Geschichte«, stellte er schließlich fest. Nur um etwas zu sagen.

»Manchmal muss man auch etwas zurückgeben«, sagte der Alte nach einer Pause. »Macht sich schlecht, wenn man immer nur nimmt.«

Wieder krächzte er sein hässliches Lachen, bis er husten musste.

Auf dem Weg nach Lahti sagte keiner mehr etwas. Noch bevor sie im Stadtzentrum waren, wollte der Fremde, dass Olli anhielt. Er stieg aus, holte den Koffer vom Rücksitz und tippte mit dem Zeigefinger an den Schirm seiner Mütze. Dann ging er zielstrebig davon, als wüsste er genau, wo er hinwollte.

Olli fuhr zu seiner Wohnung. Jetzt, wo der Fremde nicht mehr da war, kehrten seine Gedanken zurück zu Tante Marja und seiner Mutter. Es war wohl richtig, dass sie bei ihrer Schwester blieb. Der Alte auf seinem Hof würde schon irgendwie zurechtkommen. Henrik Nyström hatte angerufen, nachdem er mit dem Verletzten im Krankenhaus gewesen war. Offenbar stand es um den Alten nicht so schlimm, wie es den Anschein gehabt hatte. Er war zäh, verdammt zäh. Das musste man ihm lassen.

Olli parkte den Wagen vor dem Haus. In einigen Wohnungen brannte noch Licht. Er fuhr mit dem Lift hoch und schloss die Tür auf. Eine kleine Menge Gras hatte er übrig, die würde er sich zum Ende dieses beschissenen Tages noch leisten. Morgen musste er den Leihwagen zurückbringen. Und anschließend würde er das Geld, das er hinter Onkel Artos Rücken von Tante Marja erhalten hatte, gewinnbringend investieren.

Bevor er vor dem laufenden Fernseher auf dem Sofa einschlief, wusste er plötzlich, woran ihn der strenge Geruch des Fremden erinnert hatte. Wenn er ab und zu an der Schlachterei vorbeigekommen war, hatte es so gerochen: nach rohem Fleisch, nach Blut.

Matti

Das Pfeifen in seinen Ohren hatte zugenommen. Besonders schlimm war es in der Stille. Da schien sich das Geräusch noch zu verstärken. Dieser schrille, unangenehme Ton, der gefangen war in seinem Schädel, überall an die Knochenwände stieß, aus denen er keinen Ausgang fand. Wie oft hatte Matti sich die Ohren wund gedrückt, sich an die Schläfen geschlagen und war nach draußen gelaufen, um den Kopf unter den kalten Wasserstrahl des Brunnens zu halten. Es half alles nichts. Jetzt nicht und früher nicht.

Der Anfang lag weit zurück. Als er zum ersten Mal eine Schusswaffe in der Hand gehalten hatte. Der erste Schuss, dessen unerwartet lauter Knall seine Ohren wie taub gemacht hatte. Und dann waren aus dieser Taubheit Grillen aufgetaucht, zirpend und pfeifend, hatten sich in seinen Ohren festgesetzt und waren durch nichts mehr zu vertreiben gewesen. Solche Wunden heilt die Zeit nicht. Aber er gewöhnte sich daran. Er hatte ja nicht die Wahl. Und er konnte diesen Krieg auch nicht gewinnen. Einen Waffenstillstand erzielen vielleicht, für ein paar wunderbare Augenblicke. Danach wurde er wieder eines Besseren belehrt.

Matti lag auf der Küchenbank. Es waren nicht die Grillen, die ihn weckten, er erwachte, weil ihn die Schultern schmerzten von der harten Liege. Draußen war es schon hell. Er versuchte, sich aufzurichten und tastete auf dem Tisch nach der Brille. Aber er bekam nur ein paar tote Fliegen zwischen die Finger. Für einmal interessierten die ihn nicht. Er ließ den Blick durch die Küche schweifen, doch ohne Brille blieb alles verschwommen und undeutlich. Erst jetzt kam ihm in den Sinn, dass die Brille am Vortag zerbrochen war und die Bruchstücke wohl noch irgendwo auf dem Hofplatz lagen. Ohne Brille war er aufgeschmissen. Er fluchte hinter den verkniffenen Lippen. Was hatte ihn Heikki gestern gefragt?

»Kannst du aufstehen, Matti?«

Natürlich konnte er das. Und jetzt musste er aufstehen und in die Wohnstube hinübergehen. Dort, in den Schubladen der Anrichte, lag sicher irgendwo seine alte Brille. Zwischen anderen Dingen, von denen man schon gar nicht mehr wusste, dass es sie noch gab.

Als der Hund merkte, dass Matti sich zu bewegen begann, winselte er im Flur, vor der verschlossenen Tür.

»Eins nach dem anderen«, brummte der Alte, und es hörte sich an, als müsste er sich selbst beschwichtigen.

Er erhob sich und stützte sich überall ab, wo er Halt fand auf dem Weg hinüber in die Wohnstube. Während er mit der einen Hand den Inhalt der Schubladen durchwühlte, tastete er mit der anderen nach dem Kopfverband, den sie ihm im Krankenhaus verpasst hatten. Die Ärztin hatte ihm gesagt, er müsse in ein paar Tagen zur Nachkontrolle kommen. Zudem sei sein Blutdruck viel zu hoch und müsse behandelt werden. Wozu? Die Wunde, die der Streifschuss hinterlassen hatte, brannte noch. Aber der Verband saß fest. Und der Blutdruck – scheiß drauf! Er würde keine Tabletten schlucken. Für wen auch?

Die einzige Brille, auf die er stieß, war nicht die seine. Offenbar eine alte von Märta. Wirklich scharf sah er nicht damit, und sie drückte hinter den Ohren. Aber immerhin. Er ging zurück in die Küche, wo sich die Schnapsflasche wieder in ihrer vollen Gestalt zeigte. Er setzte sie an die Lippen und schluckte, bis die Wärme ihn wie eine falsche Freundin umarmte. Er griff nach der Zigarettenpackung und nach dem Stock, der an einem Stuhl lehnte.

Im Flur hatte der Hund wieder zu winseln begonnen und kratzte an der Tür. Die Pfütze am Boden nahm Matti erst wahr, nachdem er die Tür geöffnet hatte und das Licht in den Flur fiel.

»Verfluchtes Vieh«, knirschte er zwischen den Zähnen.

Er trat hinaus auf die Vortreppe und steckte sich eine Zigarette an. Der Hund strich schnüffelnd um das Haus. Schließlich blieb er vor dem Hühnerhaus stehen und bellte.

Erst jetzt fiel Matti der helle Fleck auf, der am Hühnerhaus hing. Mit Märtas alter Brille konnte er nicht ausmachen, was es war. Er rauchte die Zigarette zu Ende, drückte den Stummel auf dem Treppengeländer aus und warf ihn in den rostigen Kübel, der neben dem Eingang stand. Dann ergriff er den Stock, tappte über die Stufen hinunter und humpelte über den Hofplatz. Der Hund saß immer noch vor dem Hühnerhaus. Mit dem Hinterlauf kratzte er sich am Bauch.

Je näher Matti kam, desto deutlicher nahm der Fleck Formen an. Schließlich war es ein Fuchsfell, das da hing. Ein räudiges, fast haarloses Fuchsfell. Vielleicht hatte es schon am Abend zuvor da gehangen, und weder er noch Nyström hatten es in der Dunkelheit beachtet. Er blieb davor stehen, griff danach und wendete es um. Da klebte noch Blut.

Henrik

Das Telefon schrillte. Der Anruf riss Henrik Nyström aus einer dumpfen Schläfrigkeit. Sie konnte allerdings nicht lange gedauert haben, wie er am Vorrücken des Zeigers an der Wanduhr feststellte. Die angerauchte Zigarette im Aschenbecher glimmte jedenfalls noch.

Als er eine Viertelstunde später auflegte, war es so still, dass er die Fliege wieder hören konnte, die an der geschlossenen Fensterscheibe nach einem Ausgang suchte.

Er blickte auf die drei Wörter, die er während des Telefongesprächs notiert hatte: *Aller Ende Anfang.* Hatte er das tatsächlich geschrieben? Quatsch! Es musste doch heißen: *Aller Anfang Ende.*

Scheiß drauf! Er riss den Zettel vom Block, zerknüllte ihn und warf ihn in den Papierkorb.

Marja hatte angerufen, Marja Rantanen, Märta Nieminens Schwester. Sie hatte ihm den Kopf vollgeschwatzt mit einer seltsamen Geschichte über einen Stein, den es in Wirklichkeit gar nicht geben konnte.

»Ein Stein zu viel«, hatte sie aufgeregt erklärt.

Mein Gott – ein Stein zu viel. Hatten die Leute keine anderen Probleme? Wie kam jemand überhaupt auf die Idee, Steine zu zählen?

Er drückte die Zigarette aus, mechanisch, obwohl sie längst zur Kippe geschrumpft und erloschen war. Mühsam quälte er sich aus dem Sessel, bevor die Schläfrigkeit ihn wieder packen konnte. Er stieß das Fenster auf, und der Abendwind fuhr ihm kühl ins Gesicht.

Die Zeit verliert Gewicht. Wo hatte er das wieder her? Nein, das tut sie bestimmt nicht. Schwerer wird sie, von Tag zu Tag, von Jahr zu Jahr. Jeder trägt seine Steine mit sich herum, ohne Ausnahme. Langsam formte sich in seinem Kopf der Gedanke, dass diese Geschichte gerade wieder von vorn begann.

280 Seiten, 2020
Hardcover mit Schutz-
umschlag, Leseband
ISBN 978-3-906907-32-1
CHF 29.– / Euro 26,–

Thomas Röthlisberger
Das Licht hinter den Bergen
Roman

Die Welt gerät aus den Fugen, sagt der Lehrer, als Deutschland 1939 in
Polen einmarschiert.

In der Schweiz, in einem Hochtal in Graubünden, wo Anton Marxer seit
Jahren unterrichtet, sind die Grenze und das Ausland nahe, aber Polen
weit weg. Und doch dringt das Weltgeschehen in das Tal ein, ins Schul-
haus über dem Dorf, wo der Vierzigjährige seine Frau pflegt, die einen
Hirnschlag erlitten hat. Eines Abends steht eine fremde junge Frau vor
der Tür: Anna Schwarz. Sie ist aus dem Vorarlbergischen geflüchtet und
nachts über den alten Säumerpass gekommen, nachdem man ihren
Mann deportiert und auf der Flucht erschossen hat. Marxer nimmt die
Frau auf, widerwillig, und versucht zuerst, ihre Anwesenheit vor der
Öffentlichkeit zu verbergen. Natürlich ist das auf Dauer nicht möglich.
Die Ehefrau merkt es, die Haushälterin, die den Lehrer bei der Pflege
und im Haushalt unterstützt, und sehr rasch auch die Schüler. Marxer
ist hin- und hergerissen zwischen Pflicht und Gewissen.

Autor und Verlag danken für die Unterstützung

Der Verlag edition bücherlese wird vom Bundesamt für Kultur mit einer Förderprämie für die Jahre 2021–2024 unterstützt.

e b

© 2022 edition bücherlese, Luzern
www.buecherlese.ch

Motto: Lars Gustafsson, Der Tod eines Bienenzüchters.
© Fischer Taschenbuch Verlag GmbH, Frankfurt am Main 1980
(Lizenzausgabe Carl Hanser Verlag, München/Wien 1978)

Lektorat: Regula Walser
Korrektorat: Thomas Hack
Autorenfoto: Ayse Yavas

Umschlagbild: Adobe Stock
Gestaltung und Satz: Monique Waltz
Druck und Bindung: Pustet, Regensburg

ISBN 978-3-906907-55-0
1. Auflage 2022

Mein Dank geht an

Judith Kaufmann, die meinen Texten ein Zuhause bietet,

Charles Linsmayer, der zum »Geburtshelfer« wurde,

Regula Walser, die Kanten und Ecken zurechtbog,

Sabine Herren, meine Frau und erste Kritikerin, die mich ins Leben zurückholt, wenn ich zu sehr am Schreibtisch klebe,

und natürlich das ferne, nahe Finnland, das mir eine weitere Geschichte schenkte.